Cómo interpretar los sueños eróticos

Dra. Pam Spurr

Cómo interpretar
los sueños eróticos

AGUILAR

Título original: *Dreams and Sexuality. Interpreting Your Sexual Dreams*
Edición original: Sterling Publishing Co., Inc., New York
Traducción: Catalina Sherwell

Copyright © Pam Spurr 2001

De esta edición:
D. R. © Aguilar, Altea, Taurus, Alfaguara, S.A. de C.V., 2002
Av. Universidad 767, Col. del Valle
México, 03100, D.F. Teléfono 54 20 75 30

Distribuidora y Editora Aguilar, Altea, Taurus, Alfaguara, S. A.
Calle 80 Núm. 10-23, Santafé de Bogotá, Colombia.
Santillana S. A.
Torrelaguna 60-28043, Madrid, España.
Santillana S. A.
Av. San Felipe 731, Lima, Perú.
Editorial Santillana S. A.
Av. Rómulo Gallegos, Edif. Zulia 1er. piso
Boleita Nte., 1071, Caracas, Venezuela.
Editorial Santillana Inc.
P.O. Box 19-5462 Hato Rey, 00919, San Juan, Puerto Rico.
Santillana Publishing Company Inc.
2043 N. W. 87 th Avenue, 33172. Miami, Fl., E. U. A.
Ediciones Santillana S. A. (ROU)
Cristóbal Echevarriarza 3535, A.P. 1606, Montevideo, Uruguay.
Aguilar, Altea, Taurus, Alfaguara, S. A.
Beazley 3860, 1437, Buenos Aires, Argentina.
Aguilar Chilena de Ediciones Ltda.
Dr. Aníbal Ariztía 1444, Providencia, Santiago de Chile.
Santillana de Costa Rica, S. A.
La Uruca, 100 mts. Este de Migración y Extranjería, San José, Costa Rica.

Primera edición: octubre de 2002

ISBN: 968-19-1158-X

D. R. © Diseño de cubierta: Antonio Ruano Gómez
Fotografía de portada: Raúl González; *Eros y Psique*, de Antonio Canova
Diseño de interiores: Times Editores, S.A. de C.V.

Impreso en México

Para Nick, por siempre

Índice

3. Directorio de sueños

Reconocimientos del autor

Mis más cálidos agradecimientos para Liz Wheeler, por los tremendos esfuerzos que realizó para lograr que este libro se publicara de acuerdo con mi visión personal. Jane Laing merece un agradecimiento especial por editar el libro de manera tan excepcional. La artista, Andrea Toorchen, y el diseñador, Hayley Cove, han puesto su mayor empeño en capturar la esencia de muchos sueños fascinantes. Aprecio la comprensión que me prodigaron mis hijos, Sam y Stephie, mientras me ocupaba de escribir este texto. Y, finalmente, este libro jamás habría salido a la luz si no hubiera sido por los hombres y mujeres dispuestos a compartir conmigo sus asombrosos sueños e historias —muchas gracias a todos ustedes.

Introducción

¿Alguna vez has despertado sintiéndote inexplicablemente ansioso y sexualmente excitado? ¿O te has avergonzado porque soñaste que te acostabas con tu jefe? Muchos de nuestros sueños nos dan la clave para una mayor comprensión de nuestra naturaleza sexual. Este libro práctico demuestra cómo puedes explorar tus sueños y aprender más acerca de tus necesidades, deseos, sentimientos y actitudes sexuales. Al cultivar tu sexualidad, gradualmente comenzarás a reducir tus actitudes eróticas negativas y superarás cualquier inhibición, con lo cual aumentará tu confianza sexual y mejorará tu bienestar general. En consecuencia, tendrás relaciones sexuales más gozosas y satisfactorias.

La primera sección del libro —"Interpretación práctica"— muestra cómo comenzar a explorar tus sueños, destacando la importancia de interpretarlos con mente positiva y abierta. También proporciona ejercicios sensuales, especialmente diseñados para ayudarte a darle forma a tus sueños y desarrollar tu conciencia sexual.

La parte central de este libro se llama "Cómo interpretar tus sueños". Esta sección refiere una amplia gama de casos clínicos de sueños sexuales que ilustran un sinnúmero de sentimientos, dilemas y problemas y ofrece perspicaces interpretaciones de cada uno. Clasificados como sueños abiertamente sexuales, sueños sexuales velados y sueños sexuales absurdos, la descripción y el análisis de cada caso brinda un punto de referencia para que explores tus propios sueños al proporcionar revelaciones respecto a sus posibles significados. Cada caso es acompañado de consejos prácticos que te ayudarán a resolver conflictos internos o problemas de pareja que se hayan reflejado a partir del análisis de tus sueños eróticos, junto con ejercicios sensuales, cuestionarios o detalles del simbolismo que involucran.

Finalmente, la sección "Directorio de sueños" te proporciona referencias inmediatas respecto a la variedad de símbolos comunes en los sueños eróticos, muchos de los cuales no son abiertamente sexuales. Trata de diversas interpretaciones posibles, de acuerdo con los sentimientos que acompañan a las imágenes oníricas.

La función de los sueños

Ya que pasamos una tercera parte de la vida sumergidos en el sueño, éste debería ser de gran interés para nosotros. Cuando las personas advierten el número de horas que invierten en el sueño, comienzan a preguntarse por qué pasan dormidos tanto tiempo de su vida. ¿Acaso existen misterios que debería comprender y explorar?, se preguntan. ¿De qué se trata el proceso de dormir? En especial, comienzan a preguntarse sobre sus propios sueños.

Generalmente, la vida onírica despierta un gran interés. Todos soñamos y la mayoría de las personas recuerda, de vez en cuando, algunas imágenes de sus sueños, algunos pasajes aislados o "escenas" enteras.

Algunos de nuestros recuerdos más remotos contienen imágenes oníricas. Éstas van desde las pesadillas infantiles que nos espantaban a más no poder (¡y que nos impulsaban a meternos a hurtadillas a la cama de nuestros padres, en busca de refugio!) hasta la alegría que experimentábamos al volar por encima de las nubes en nuestros sueños más fantásticos y maravillosos. Ya adultos, nuestra vida onírica puede seguir siendo tan rica y variada como la que teníamos de pequeños.

Los sueños tienen una gran variedad de elementos, desde imágenes poderosas y definidas que reflejan las distintas facetas de nuestra vida, hasta complejos estados de ánimo de diferentes tipos que no tienen imágenes definidas. Algunas veces soñamos cosas absurdas que nos causan asombro al despertar. Nos preguntamos cómo nuestras mentes pudieron crear tales imágenes. De noche, nuestras mentes parecen convertirse en un extenso jardín creativo y fértil de pensamientos, sentimientos y experiencias.

El desarrollo de tu personalidad

¿Cómo te has convertido en la persona que eres, poseedora de todas esas características individuales, dueña de esa manera tan particular de relacionarte con otros y de esa naturaleza dinámica que te conduce a través de la vida? Tu personalidad es la esencia de tu ser esencial, valga la redundancia. Refleja el resumen de todas las experiencias que aportas a los encuentros vitales. Esta pregunta acerca del desarrollo de tu personalidad te lleva a comprender más acerca de ti mismo y de tu vida onírica. Cada aspecto de tu personalidad —emocional, social, cognoscitiva y sexual— está inextricablemente ligado a los demás.

Por ejemplo, quizá creciste en el seno de una familia donde las emociones debían mantenerse bajo un control estricto. Tus padres nunca discutían entre sí —solían manejar la situación silenciosamente o ignorar sus diferencias— ni mostraban mucha alegría o emoción. Preferían mantener un hogar tranquilo y controlado y te criaron para que te adaptaras a esa situación. En consecuencia, ejerciste este "estilo" emocional en la escuela. Eras uno de los alumnos más tranquilos, que no se emocionaba de manera especial cuando, por ejemplo, el maestro de química programaba un experimento que hacía que los demás estudiantes se maravillaran. Seguramente, tu desarrollo cognoscitivo era mesurado y estable, a semejanza de tus emociones; una cosa afectaba a la otra. Tu desarrollo social también se veía afectado. Los compañeros de tu edad te consideraban estable, confiable, pero no necesariamente te veían como el alma de la fiesta. Y, más adelante, tus amantes generalmente te veían como un buen compañero y un amante considerado, aunque no como un ser electrizante en la cama.

Pienso que la mejor manera de describir el desarrollo de la personalidad y cómo interactúan sus principales elementos, es mediante la analogía de un río. El agua de un río es similar a tu desarrollo emotivo. Corre y se precipita, se sumerge y luego fluye tranquilamente, siguiendo los giros y vericuetos que el curso del río (tu vida) tome. El río de tu vida toma forma con tus padres, con sus creencias y la manera en que ellos interactuaban con el mundo. A medida que el río sigue su curso durante la infancia, adquieres también las actitudes sexuales de tus padres, al grado que tu desarrollo emotivo llega a incluir tu desarrollo sexual. En medio de un romance sexual apasionado, las aguas de tu río corren violentamente. Luego, cuando gozas de los momentos más tranquilos de una relación amorosa de larga duración, el agua fluye apaciblemente.

Las riberas del río son como tu desarrollo social. A medida que se desarrolla tu personalidad, también avanza la educación que recibes —de parte de tus padres cuando eres joven y de otros cuando eres mayor— en cuanto a las sutilezas de la interacción social. Tu aprendizaje social, o las riberas de tu río, te ayuda a contener y controlar las agitadas aguas emocionales cuando te sientes molesto o preocupado, y a dar forma a las burbujeantes aguas de la felicidad o la pasión.

Por supuesto, algunas personas nunca aprenden realmente las sutilezas de la interacción social y continuamente perturban la paz de otras personas a lo largo de su curso vital, pues permiten que sus emociones se derramen por sus riberas, debido a que éstas nunca cobraron una forma real.

La enorme variedad de vida en las aguas, junto con las piedras y las plantas contenidas en el río, simbolizan tu desarrollo cognoscitivo. A medida que tu personalidad encuentra obstáculos, aprendes a lidiar con ellos: a realizar un trabajo, a estudiar o a resolver los problemas de la vida. Tu desarrollo cognoscitivo interactúa con tus aguas emotivas y es contenido por las riberas, que representan tu proceso de socialización. Las tres partes de tu personalidad —las riberas, las aguas y los elementos— conforman un sistema completo de desarrollo para tu personalidad.

Tu experiencia onírica refleja todos y cada uno de los aspectos de tu personalidad —tu ser esencial— brindando claves sobre qué es importante para ti en ese momento. Algunos sueños reflejan inquietudes sociales o dilemas al interactuar con otras personas. Por ejemplo, si estás preocupado por no haber dicho lo correcto a una persona, quizás el suceso se te presente con toda su nitidez por medio de imágenes oníricas. Algunos sueños reflejan temas cognoscitivos. Por ejemplo, tal vez experimentes un sueño angustioso ligado al esfuerzo que realizaste para terminar una tarea difícil en tu trabajo. Otros sueños reflejan problemas sexuales y emocionales: las pasiones más profundas de tus experiencias sexuales, algunas dudas subyacentes que nacen de relaciones pasadas o de la satisfacción de tus fantasías sexuales.

El ciclo del sueño

Antes de iniciar este maravilloso viaje de interpretación de nuestros sueños sexuales, es importante comprender el proceso del sueño. Desde que los hombres mostraron interés por la conciencia humana, han sido muchos los investigadores que se han preguntado por qué debemos pasar una tercera parte de nuestra vida sumergidos en el sueño. Hasta hace poco tiempo era comúnmente aceptado que necesitamos este "tiempo fuera" para recargar nuestras baterías y prepararnos para los rigores del día. Aunque ésta es una razón importante sobre nuestra necesidad de dormir, en la actualidad la mayoría de los científicos coincide en que el propósito principal del sueño es ¡permitirnos soñar!

Los estudios acerca del sueño demuestran que en el cerebro suceden muchas transformaciones que resultan poco evidentes durante el ciclo del sueño. La actividad eléctrica medida durante estos cambios conforma una serie de etapas. Cuando comienzas a relajarte, a sentir somnolencia y a estar menos alerta, entras en la etapa uno del sueño. Aún estás semiconsciente de lo que te rodea. A medida que caes lentamente en un estado inconsciente de sueño, pasas a la etapa dos y luego a la etapa tres. Después de esto, progresivamente entras en la etapa cuatro del sueño. A esta etapa se le llama sueño de onda lenta: es el nivel más profundo de sueño; durante éste, la actividad eléctrica en tu cerebro cobra la forma de ondas largas y elegantes de energía.

El ciclo del sueño dura aproximadamente noventa minutos, al final del cual las ondas cerebrales cambian de manera abrupta. Súbitamente, se presenta una explosión de actividad eléctrica en el cerebro que parece ser aún más agitada que la actividad cerebral registrada durante la vigilia. Mientras sucede esto, los músculos de los ojos se mueven con claras sacudidas y se crispan. Esta etapa del sueño recibe el nombre de sueño REM (REM significa en inglés "Rapid Eye

Movement"), movimiento ocular rápido. Esta etapa dura aproximadamente veinte minutos y se repite en intervalos de noventa minutos. Los experimentos realizados en torno al sueño han demostrado que las personas que son despertadas en esta etapa del ciclo del sueño afirman que han estado soñando.

Durante la etapa REM, el cuerpo sufre una "parálisis del sueño": todo tu cuerpo se paraliza, excepto el pecho, para permitir que respires, y los ojos, que se mueven de esta manera peculiar. Los investigadores proponen que la parálisis durante el sueño es un mecanismo protector que impide que las personas "lleven a cabo" sus sueños y ocasionen un daño, tanto a sí mismos, como a otros.

La importancia de la etapa REM fue descubierta recientemente, cuando los experimentos mostraron que la interrupción de esta etapa del sueño provocaba problemas emocionales. Además, se ha descubierto que el sistema límbico, la parte más primitiva de nuestro cerebro, se exacerba durante la etapa REM, pues existe una actividad eléctrica excesiva.

Los especialistas del sueño consideran que la intervención de esta primitiva parte de nuestro cerebro permite "procesar" los sucesos del día o las experiencias de importancia trascendental, las que tienen un profundo significado emocional para nosotros. Este procesamiento permite que nuestro ser esencial, que yace en lo profundo del subconsciente, pueda sumergirse en distintos problemas y llegar a ciertas soluciones o a momentos de transformación emocional, desde el simbolismo de nuestros sueños. Las imágenes que aparecen en nuestros sueños son símbolos de las experiencias y los sentimientos que se registran en los niveles más profundos de nuestro subconsciente. Al permitir el desarrollo de dicho proceso, los sueños parecen desempeñar un papel importante en la salud emocional.

Los niveles más profundos de la conciencia

¿Alguna vez has experimentado el resurgimiento de un viejo recuerdo, del cual creías haberte olvidado por completo y que ha sido detonado por algún suceso o incidente similar? ¿Has experimentado alguna emoción especial y luego pensado: "¡Conozco bien este sentimiento!"? Quizás el *dejá vu* —la sensación de que vives nuevamente algo conocido— es una experiencia familiar para ti. Todas estas experiencias nos revelan lo que permanece oculto a nuestros pensamientos cotidianos. Por supuesto, no seríamos capaces de recordar a un mismo tiempo todo lo que nos ha sucedido —pues nuestra conciencia se vería atiborrada literalmente con millones de recuerdos, pero es un hecho que poseemos el enorme potencial de almacenar toda clase de recuerdos desde los sucesos recientes hasta los recuerdos de sensaciones o sentimientos pasados.

Que los recuerdos están almacenados en nuestra memoria no indica que por lo menos unos cuantos no ejerzan un efecto significativo en nuestro actual estilo de vida y en nuestra visión del mundo. Un buen ejemplo de esto son las personas que se enamoran y suelen tener la sensación de conocer a su nuevo amor "desde toda la vida". Esto se debe a que los detalles del comportamiento de su amante, o sus actitudes, les recuerda un nivel profundo de su propio comportamiento y de sus propias actitudes.

Generalmente, esto refleja similitudes en la vida familiar y en la forma de relacionarse con otros, aprendidos desde la infancia. Este nivel subconsciente más profundo tiene un registro detallado de todo lo que ha sucedido a lo largo de la vida. A pesar de que no estemos plenamente conscientes de ello, es importante porque puede determinar si nos sentimos cómodos o no con una nueva pareja. Esa sensación de bienestar, o su carencia, proviene de un nivel profundo de nuestra memoria en torno a lo que nos producía bienestar cuando éramos pequeños.

La manera de relacionarnos sexualmente es otra forma de mostrar el impacto que ejerce este nivel de la conciencia. ¿Alguna vez has estado en la cama con un nuevo amante y has descubierto que tienes sensaciones similares a las experimentadas con amantes anteriores, a pesar de que tu nuevo amante parece ser completamente distinto, tanto en apariencia física como en actitudes y comportamiento? Un análisis cuidadoso probablemente revelaría que sus inherentes características sexuales, aprendidas durante la infancia, son similares a las de tus amantes previos.

Otro ejemplo. Quizás al inicio de una nueva relación experimentes una sensación de culpa o de arrepentimiento después de haber hecho el amor, sin importar quién sea tu amante. Te preguntarás por qué siempre padeces esta sensación después de hacer el amor las primeras veces. Es tu subconsciente el que se está comunicando contigo. En algún momento de tu pasado recibiste el mensaje de que el sexo era algo malo, algo impuro o que sólo podía ser bueno en el ámbito de una relación duradera.

Se mantiene este recuerdo de lo que *es* el sexo y que se convierte en un *hecho*, o en parte de tu personalidad actual; siempre está presente cuando inicias una nueva relación sexual. Tal vez ni siquiera tengas conciencia de ello cuando te sientes atraído por alguien ni cuando comienzan a acercarse, pero una vez que se haya establecido la conexión sexual, tu conciencia se verá ligada a recuerdos ocultos de tu infancia por medio de mecanismos subconscientes.

Distintos niveles de conciencia

La interacción que se establece entre los niveles consciente y subconsciente de tu mente es compleja. Existen muchas maneras en las que el subconsciente afecta nuestro comportamiento consciente, nuestros sentimientos y decisiones. Aunados a los recuerdos o sensaciones desagradables, guardados en lo profundo de nuestros bancos de memoria, es posible que también experimentemos sentimientos positivos o que nos asedie el recuerdo inconsciente de deseos insatisfechos, de los que no tenemos una clara conciencia la mayor parte del tiempo. Ambos pueden afectar nuestra percepción sexual.

Por ejemplo, quizás hayas tenido una relación sexual maravillosa en el pasado. Tal vez ya no piensas conscientemente en ella, pero en tu subconsciente existe este modelo de lo que esperas en cada relación sexual. En consecuencia, si una nueva relación sexual no te satisface, probablemente se deba al hecho de que no se iguala a ese modelo de lo que una excelente relación sexual debiera ser. Ese modelo se ha convertido, para ti, en un parangón.

Este modelo puede enviar señales a tu nivel consciente al presentarle imágenes de aquella relación pasada. Después, de manera consciente, las comparas y llegas a la conclusión de que tu relación actual no se equipara en absoluto con la anterior. Posiblemente te haga señales de manera menos directa: sólo la intuición de que esta nueva relación no va a funcionar o tal vez te mande mensajes a través de tu vida onírica.

Los sueños pueden ofrecernos una asombrosa conexión entre el consciente y el inconsciente. El rico simbolismo de tus sueños podría estar enviándote mensajes directos desde tu ser interior —quizá tus sueños estén repletos de imágenes en las que tu ex amante aparece como un ser pleno de erotismo, mientras que tu amante actual, no lo parezca en absoluto. Tal vez tus sueños muestren un simbolismo más oblicuo o velado, cuyo significado sólo se revelaría con un análisis detallado. Además, es probable que, de manera sutil e inconsciente, te estés resistiendo a iniciar una nueva relación. Tú mismo obstaculizas su desarrollo al no contestar las llamadas telefónicas de tu nueva amante o al no permitir el incremento del contacto físico, sin saber bien por qué. De esta manera, tu subconsciente ejerce un control sobre tu comportamiento consciente, aun cuando te niegues a reconocerlo.

Los deseos no satisfechos que se ocultan en tu subconsciente pueden incitarte a buscar ciertas actividades, encuentros o relaciones sexuales, etcétera. En ocasiones, las personas se sienten impulsadas a mantener relaciones sexuales, por ejemplo, con amantes sexualmente dominantes. Quizá digan que no saben por qué siempre terminan por mantener relaciones con un mismo tipo de personas; pero, sin duda, están bajo la influencia de anhelos subconscientes. Una cuidadosa exploración de distintos tipos de comportamiento recurrente, generalmente revela una serie de experiencias tempranas que han conducido a la persona a repetir, en su vida adulta, ciertos patrones de comportamiento sexual.

Por lo general las personas se sorprenden de lo que se oculta en lo más recóndito de sus mentes y en la manera como dichos recuerdos o pensamientos afectan su vida actual. Sin embargo, cuando se toma en cuenta la amplia variedad de comportamientos humanos y la complejidad de la mente, esto no debería sorprendernos.

El objetivo de los mecanismos de protección

Tal vez tu subconsciente inserte imágenes muy directas en tus sueños o haga surgir de pronto un recuerdo relacionado con tu vida actual:

quizás algo que resulte desconcertante o incluso doloroso. En otras ocasiones tu subconsciente podría darte malas noticias en forma lenta y pausada; el mensaje penetra el nivel consciente de tu mente de esa manera, para que no represente una amenaza. Esto es un mecanismo de protección. Las imágenes veladas de tus sueños muchas veces cumplen con este propósito. Lentamente, vinculas las imágenes de éstos, con la vigilia. Es un proceso de "iluminación". Las imágenes expuestas pueden simbolizar diferentes cosas. Puede ser que representen anhelos, frustraciones sexuales o un estado de angustia o de temor respecto a algo que subyace en un nivel más profundo.

Otra manera en que funciona un mecanismo de protección es mediante el ocultamiento de una experiencia negativa. Así, el recuerdo desagradable es reprimido por tu mente y puede parecer que no ejerce efecto sobre tu vida consciente. Pero cuando ya estás listo para enfrentar dicha experiencia, el subconsciente hace emerger el recuerdo desagradable a un nivel de conciencia, ya sea a través de los sueños o de los recuerdos en vigilia. Muy a menudo, esto sucede en una etapa de transición, de crecimiento personal. En tales momentos, las personas suelen experimentar sueños muy vívidos, de un simbolismo sumamente rico, o experimentan una revelación en la vigilia en la que se crea un vínculo con el pasado, de manera que les brinda claridad sobre su comportamiento presente o sobre sus relaciones actuales.

Tu jardín secreto

Para comprender mejor este extraordinario proceso, me agrada emplear la analogía del jardín secreto de tu mente. Desde el estado de relajamiento profundo que precede al sueño hasta la parte más profunda de tu ciclo onírico, tu mente puede ser vista como un jardín extenso, lleno de vericuetos, con una serie de hondonadas profundas que no pueden ser advertidas a simple vista.

Cuando ya te has relajado pero aún permaneces despierto, tu mente abre la primera reja de tu magnífico jardín. Éste contiene imágenes claras y comprensibles. Cuando tu mente cae hacia profundidades insondables, lejos del estado de conciencia, pasas a través de este luminoso jardín hasta llegar a la siguiente reja. Al quedarte profundamente dormido, una serie de rejas subsecuentes comienza a abrirse para revelar más sectores de este frondoso paraje y brindar una visión clara sobre la manera en que funciona tu mente. Cayendo cada vez más en las profundidades secretas de tu jardín, las cerraduras de las rejas se van abriendo una tras otra y te permiten ver tu ser interior. La parte más profunda del jardín es donde están los sueños, que te permiten visualizar imágenes maravillosas de recuerdos o emociones que habías olvidado y que se están fermentando justo bajo el nivel de tu conciencia. El jardín cobra vida con sentimientos, pensamientos y recuerdos ocultos en la vigilia.

Si llegaras a despertar justo en este momento, gozarías plenamente del sentido de juego que ofrece tu jardín. Si despiertas en un momento posterior al de tu ciclo del sueño, quizá sólo puedas recordar imágenes vagas o fragmentadas de ese sueño tan vívido. Sin embargo, estos fragmentos pueden ser reunidos para hallar un sentido global de tu paisaje onírico. Las personas generalmente se asombran ante la naturaleza y la variedad de las imágenes que recuerdan del "jardín secreto" de sus sueños. Estas imágenes pueden ayudarles a activar un sentido de creatividad dentro de sus relaciones, brindándoles ideas acerca de lo que les gustaría experimentar sexualmente. También, pueden aumentar el conocimiento de su interior, permitiendo el desarrollo de su propio ser y, al mismo tiempo, el de sus relaciones sexuales.

Por supuesto, el "jardín secreto" de tu vida onírica puede contener, de vez en cuando, imágenes de pesadilla. Si enfrentas esas imágenes terroríficas, podrás provocar cambios benéficos en tus relaciones. Quizá dichas imágenes se relacionen con problemas de una naturaleza íntima que has estado evitando durante largo tiempo. Las pesadillas suelen indicar que no estás manejando adecuadamente algún problema o que no has querido siquiera reconocerlo. Quizá se vinculen con algún suceso en especial, alguna conversación o comportamiento mostrado por ti últimamente. Tal vez estén ligadas a un problema antiguo, que ha permanecido oculto durante un tiempo muy prolongado.

La importancia de interpretar los sueños

Lo reconozcamos o no, nuestra vida onírica refleja nuestro ser interior. Apreciar el rico simbolismo de tu "jardín secreto" puede proporcionar asombrosas revelaciones. Nuestra mente adormecida no se deja afectar por los pensamientos más racionales, presentados por la voz interior que opera durante las horas de vigilia. Esta voz permanece en un diálogo continuo a lo largo del día. A medida que ocurren ciertos sucesos o que los pensamientos cruzan tu mente, esta voz muchas veces reacciona de manera restrictiva, particularmente cuando los sucesos o los pensamientos tienen un trasfondo sexual. Durante la vigilia, quizás es posible que tu mente pregunte: "¿Es correcto pensar lo que estoy pensando?" o "¿Acaso debería yo pensar en esta persona, este tema o este problema de manera sexual?" o, quizá, "No puedo decirle tal cosa a mi amante, pues ¡resulta demasiado vergonzoso!". Luego, dependiendo de tu respuesta interior a dichos pensamientos, es probable que trates de obligar a tu mente a evadir dicha situación. En consecuencia, la mente atormentada, "sin voz", se convierte en una herramienta comparativamente poderosa para que lleguemos a comprendernos en un nivel emocional más profundo.

Explorando tu yo sexual

Al poner en práctica la interpretación de los sueños, podemos enriquecer nuestra vida de muchas maneras. A medida que crecemos, gran parte del goce de nuestros sueños refleja nuestro floreciente interés por conexiones íntimas y sexuales con otros. En ocasiones, nuestros sueños satisfacen anhelos profundos que hemos mantenido en secreto aun a nosotros mismos; a veces, reviven nuestros primeros encuentros de actividad sexual y, en ocasiones, plasman increíbles imágenes oníricas de contenido sensual y erótico que trascienden la fantasía que desplegamos durante las horas de vigilia. Durante el proceso de analizar cualquiera de estos sueños, puede ser que simplemente gocemos de las sensaciones eróticas que contienen.

También podemos utilizar nuestros sueños eróticos para obtener nuevas ideas que enriquezcan nuestra actividad sexual. Es posible que los exploremos para obtener revelaciones acerca de deseos o frustraciones que aún no hemos sabido reconocer o para redescubrir situaciones o problemas pasados olvidados pero que, de hecho, nos siguen afectando.

Existen, por supuesto, sueños cuyo contenido nos mistifica y en los que el simbolismo puede ser irrelevante. La mente adormecida muchas veces hila imágenes provenientes de distintos aspectos de nuestras vidas, provocando que los sueños parezcan no tener sentido. En este caso, puede resultar casi imposible interpretarlos acertadamente. Pero si nos dedicamos a analizarlos adecuadamente, podremos derivar una experiencia placentera y valiosa.

Explorar tus sueños significa estar preparado para explorar tu yo sexual. Piensa en tu identidad sexual. ¿Qué significa para ti? ¿Incluye las fantasías que tú mismo creas al estar despierto? ¿Implica la manera en que te comportas con tu amante? ¿Qué tan lejos llegarías si hicieras a un lado los límites de la actividad sexual? ¿Qué es lo que realmente sientes respecto al sexo y qué tan sensual piensas que eres? Incluye ese diálogo continuo que se da en tu interior, que realiza comentarios acerca de las personas que encuentras atractivas a lo largo del día o que toma nota de la presencia de una hermosa artista de cine y hace que te preguntes qué tan buena será en la cama. Sí, todos estos distintos aspectos, y algunos más, dan forma a tu yo sexual o a tu identidad sexual. Tu sexualidad penetra hasta el corazón de tu ser interior. Es una parte esencial de ti mismo y define la manera en que te relacionas con tu pareja estable o con parejas potenciales.

Posteriormente, piensa en todas las imágenes sexuales que te rodean. No puedes sustraerte de las declaradamente sexuales que se despliegan en las revistas, en la televisión, en los libros o en las películas, a pesar de que quizá sólo estés parcialmente consciente de las imágenes sexuales más sutiles que nos muestra el mundo de la publicidad. Nuestros sentidos son bombardeados con estos mensajes sexuales. A esto agrega tu propio mundo, interno y privado, de sexualidad: tus pensamientos, sentimientos, deseos, recuerdos, actitudes, temores e inhibiciones sexuales, y podrás darte cuenta de que el sexo es una parte importante en tu vida consciente.

Esta mezcla de imágenes y pensamientos sexuales influyen en la forma como te relacionas con tu amante actual y con cualquier otro amante o amantes potenciales. Y, por supuesto, muchos de estos estímulos sexuales se ven relegados a tu subconsciente, donde permanecen pasivos en muchas ocasiones y, en otras, ejercen una influencia activa en tus decisiones.

Muchas de las acciones relacionadas con nuestra sexualidad parecen, a veces, estar fuera de control o se desarrollan en un ámbito que está más allá del raciocinio consciente. Pero en cierto nivel, ya sea consciente o inconsciente, decidimos actuar de una manera en particular, incluso cuando sentimos que hemos sido impulsados a actuar así. Nos preguntamos cómo es que llegamos a convertirnos en el amante de cierta persona. También nos preguntamos por qué permitimos que él o ella realizaran una práctica sexual y no otra con nosotros, o por qué esa noche no disfrutamos una actividad sexual, aun cuando gozamos de ella al día siguiente. Al tratar de comprendernos a nosotros mismos en el ámbito sexual, la pregunta determinante es: ¿Cómo podemos dar orden y estructura a esta interesante y compleja mezcla de experiencias, actitudes y sentimientos sexuales, de manera que podamos comprender plenamente nuestro carácter sexual?

Creo que la mejor manera de definir tu yo sexual acertadamente y comprender las implicaciones de tu definición, es explorar los siguientes cuatro aspectos de tu sexualidad:

• La manera en que piensas respecto al sexo.
• Lo que sientes respecto al sexo.
• Tu comportamiento sexual.
• Tu vida onírica sexual.

A pesar de que te parezca que los primeros tres aspectos de tu yo sexual son perfectamente claros, no es así. No siempre es racional la manera en que sientes, piensas y te comportas para expresar tu yo sexual. Déjame brindarte el ejemplo de alguien que anhela tener una relación sexual agradable, en la que ambos miembros puedan obtener igual placer al satisfacerse mutuamente y a sí mismos. Esta persona piensa haber encontrado a la persona adecuada para dicho fin. Ambos piensan ser compatibles. Se perciben mutuamente atractivos. Sin embargo, esta persona, cuando debe afrontar ir a la cama con su nuevo amante, se comporta con timidez. Tales contradicciones son comunes en las relaciones sexuales; es una de las razones por las que a muchas personas se les dificulta comprenderse a sí mismas en el ámbito sexual. El conflicto entre lo que sientes y lo que realmente estás haciendo puede provocar una tensión sexual, un estado de frustración o incluso un sentimiento de temor.

Cuando las personas sienten que algo no marcha bien en su forma de interactuar en una relación sexual, sus pensamientos, sentimientos y comportamientos son tan confusos que no saben siquiera cómo comenzar a comprender las dificultades que están padeciendo. Al analizar ordenadamente los cuatro aspectos de tu sexualidad, podrás aclarar qué es lo que está sucediendo en una interacción sexual particular. La próxima vez que te sientas confundido respecto a una experiencia sexual o un problema de pareja, primero anota qué es lo que tú *piensas* al respecto. ¿Piensas que ésta no es una manera adecuada de comportarte? Luego considera los *sentimientos*. ¿Te sientes culpable, frustrado, herido, triste o incluso enojado debido a un problema sexual? Después, observa cuál es tu *comportamiento* actual. Piensa, paso a paso, en lo que has hecho. ¿Dejaste de hacer el amor en un momento preciso? ¿O dijiste algo de lo que luego te arrepentiste? Examinar con detalle cada aspecto es un punto de partida positivo para llegar a comprender tu ser sexual. Explorar el contenido erótico de tus sueños es el paso final para comprender tu yo sexual.

Cómo analizar tus sueños eróticos
(cómo analizar tu vida erótico-onírica)

Tus sueños eróticos desempeñan un papel importante en la comprensión de tu ser sexual. El simbolismo de los sueños eróticos es variado y va desde imágenes de un erotismo exquisito, que representan tus fantasías sexuales más secretas, hasta imágenes oscuras, densas, que te sofocan y rebasan, simbolizando temores y frustraciones sexuales sin resolver. Forman un vasto y creativo tapiz que está allí para que lo explores. Debido a la enorme creatividad que ha sido desencadenada por la mente dormida, la interpretación de los sueños se convierte en un proceso más sencillo si primero identificamos tres categorías distintas de sueños eróticos:

• Sueños abiertamente sexuales.
• Sueños eróticos velados.
• Sueños eróticos absurdos.

Cada uno de estos tres tipos de sueños brindan fuentes igualmente válidas (a pesar de que no sean las mismas) para revelar tus deseos, miedos y frustraciones subconscientes.

Los sueños abiertamente sexuales parecen basarse en la realidad. Pueden contener imágenes de amantes reales, pasados o presentes, o simplemente te muestran a ti mismo realizando alguna actividad sexual. Generalmente suceden en lugares identificables que parecen guardar cierta lógica, aun cuando no sean sitios en los que normalmente harías el amor; por ejemplo, un parque público. La actividad erótica es abiertamente sexual y no ha sido disimulada por el inconsciente de manera alguna. Esencialmente, estos sueños son bastante creíbles. No necesariamente tienen un final feliz. Algunos sueños declaradamente sexuales pueden ocasionar angustia de alguna forma; por ejemplo, pueden contener imágenes en las que tu amante te rechaza (quizá después de haber discutido en la vida real). Pero dichas imágenes parecen simbolizar algo que es posible y que tiene una base erótica.

Los sueños eróticos velados, por otro lado, muchas veces son difíciles de identificar como tales. Si sueñas algo que parece interesante o que contiene imágenes poco usuales, ¿cómo puedes identificarlo como un sueño erótico? El símbolo clave que generalmente nos ayuda a identificar un sueño erótico velado es reconocer sentimientos sexuales de algún tipo en las imágenes soñadas o al despertar del sueño. El valor aparente de estas imágenes no parecería indicar que guarden relación alguna con tu ser sexual. Por ejemplo, si sueñas que te encuentras sumergido en un hoyo profundo en la tierra, rodeado de serpientes que se retuercen en torno tuyo. Tal vez, en un principio, ésta no te parezca una imagen sexual obvia. De hecho, visto superficialmente, podría parecerte una imagen más propia de una pesadilla. Sin embargo, es posible que puedas identificarla como un sueño sexual debido a que está impregnado de sensaciones eróticas, o que te despiertes sintiéndote excitado o frustrado sexualmente, dependiendo del mensaje que tu subconsciente esté tratando de enviarte de manera velada o protectora.

Velar el contenido sexual en forma de imágenes oscuras, es una manera en que tu subconsciente permite que obtengas cierta conciencia respecto a un tema particular o para que un sentimiento pueda desarrollarse de manera que no implique una amenaza para ti. Por supuesto, muchas personas no logran ver esta clase de simbolismo sutil y, como consecuencia, no logran comprender el problema particular o el sentimiento que se oculta en el centro del mensaje. Es necesario que analices detenidamente las imágenes de tu sueño para determinar si contienen algún dato esclarecedor.

Los sueños eróticos absurdos generalmente contienen imágenes sorprendentes que el soñador, en la vida real, jamás relacionaría conscientemente como algo sexualmente estimulante. Por ejemplo, Elizabeth (ver página 173) soñó que tenía un tórrido encuentro sexual con su jefe, el cual, en la vida real, le resultaba profundamente desagradable. El sueño le pareció absolutamente absurdo. Elizabeth consideró que jamás sentiría hacia su jefe ningún impulso sexual. Sin embargo, su subconsciente los unió en un ardiente encuentro erótico.

Los sueños absurdos pueden estar relacionados con el cumplimiento de un deseo fantástico, como el de una persona que sueña un encuentro sexual con algún personaje famoso. En el sueño, la persona goza de una apasionada actividad sexual con alguien que está fuera de su alcance. Al despertar, la mayoría de las personas desearían que sus sueños absurdos se hicieran realidad, pero se dan cuenta que ha sido, simplemente, su subconsciente el que se ha divertido al generar ideas sexuales que resultarían imposibles en la vida real. Generalmente, la persona que sueña ha visto recientemente a ese personaje célebre ya sea en una película o en un programa televisivo.

Cómo cultivar tu ser sexual

Un buen punto de partida para interpretar, comprender y cultivar tu ser sexual y obtener un mayor conocimiento acerca de qué sucede en lo más profundo de tu ser, es observar atentamente el paisaje onírico de tus sueños. Los paisajes oníricos conforman el sentimiento general de cada sueño y su trasfondo. Puede ser cualquier cosa que tu subconsciente desee dibujar para ti. Imagina un paisaje onírico formado por un mar turbulento de emociones oscuras. Eres lanzado, a través del sueño, contra un fondo de increíble intensidad. Ahora considera un paisaje onírico en el que prevalezca un sentido general de satisfacción: tienes conciencia de una sensación tranquila, relajante, posterior al orgasmo.

Otro paso importante para cultivar tu ser sexual es desarrollar la capacidad de recordar mejor todos tus sueños, en especial los eróticos. Esto lo logras al sintonizarte con tu ser interior y hacer conciencia sobre la importancia del simbolismo de los sueños. Esto genera un ciclo positivo: si aceptas que los sueños desempeñan un papel importante en tu proceso de autoconocimiento, será inevitable que generes en ti una actitud intuitiva, más abierta, lo cual, a su vez, te llevará a recordar mejor tus sueños. Lo anterior conducirá a la aparición de más material simbólico que explorar, después a una mejor comprensión de tu ser sexual y, finalmente, a la capacidad de cuidar de tu yo sexual.

Explorar tus sueños eróticos ejercerá una gran influencia en la totalidad de tu ser. Al adquirir mayor conciencia de tu naturaleza sexual, lograrás desarrollar una visión emocionalmente sana respecto a las relaciones sexuales. Esto, a su vez, te llevará a gozar más de la vida como una persona responsable e intuitiva, que se siente cómoda con su sexualidad. Si llegas a comprender a fondo tus sueños eróticos, podrás reconciliarte con sentimientos sexuales que actualmente te resultan difíciles y que en el pasado te han provocado inhibiciones o frustración. Asimismo, mejorará tu capacidad para comunicarte con tu amante y también podrás satisfacer sus deseos. Como resultado, alcanzarás un mayor bienestar general, así como una vida sexual más plena.

1. Interpretación práctica

Los sueños eróticos pueden surgir de una sorprendente variedad de fuentes y a veces resulta difícil saber dónde comenzar a interpretarlos. Quizá guarden relación con la actividad sexual que desarrollaste el día anterior, con una relación sexual del pasado, con el deseo sexual que sientes por alguien o con una profunda actitud negativa respecto al sexo o a una mala experiencia. Desarrolla una actitud positiva para analizar tus sueños: las imágenes o los sentimientos desagradables quizá tengan la clave para liberarte de emociones bloqueadas o reprimidas en el pasado. Resolver problemas semejantes te conducirá a una vida emocional y sexual más satisfactoria —así como a sueños eróticos más placenteros.

Esta sección te muestra cómo encontrar el símbolo onírico central de un sueño y cómo usar la llave SUEÑO para explorar, paso a paso, sus posibles significados. Te ofrece consejos respecto a cómo llevar un registro de tus sueños y te proporciona técnicas que ayudarán a darles forma. Los ejercicios oníricos te permitirán penetrar en tus deseos conscientes y aumentar el placer sensual de tus experiencias oníricas; han sido graduados, cada uno, incrementando paso a paso su nivel de contenido sensual. Úsalos como te parezca adecuado, aumentando tu confianza sexual y fortaleciendo tu bienestar, así como la felicidad de tu yo sexual.

Exploración de tus sueños

La clave para interpretar tus sueños adecuadamente es recordar que tú eres "dueño" de tu vida onírica. Es algo privado y necesitas darte la libertad de experimentarla sin temor y explorarla abiertamente. Al explorar tus sueños eróticos, es crucial que mantengas una apertura emocional. Es importante no bloquear o esconder el verdadero mensaje de tus sueños cuando pienses en ellos durante tus horas de vigilia. Muchas personas lo hacen así, sin siquiera estar conscientes de ello. Esto es muy común en el caso de personas que en el pasado, han luchado con sentimientos de temor y angustia en todo lo relativo a la sexualidad.

Con el fin de aprender algo a partir de tus sueños, necesitas aceptar que forman parte de tu ser emocional interior. No intentes crear un juicio moral acerca de su contenido; en el mundo de tus sueños no existen ni el bien ni el mal. Cuando los sueños lleguen a ti, simplemente aprecia el hecho de que te brindan la oportunidad de alcanzar una visión reveladora del "jardín secreto" de tu subconsciente, y eso constituye un privilegio especial.

En ocasiones, el contenido puede parecer tan cargado de sexualidad que acaba por sorprenderte o conmocionarte. Si éste es el caso, considera que todas las personas experimentamos sorpresa ante el contenido de algunos de nuestros sueños, ¡y que lo más probable es que todo mundo oculta ese secreto!

Tal vez tu subconsciente esté intentando ocultar ciertos aspectos de tus sentimientos sexuales. Asimismo, quizás esté introduciendo en tus sueños eróticos ciertas imágenes que puedan hacerte pensar más profundamente en tu naturaleza sexual, de manera que ello no represente una amenaza. Por supuesto, se entiende que también puede ocurrir todo lo contrario: que tu subconsciente esté cargado de sentimientos negativos y que éstos se encuentren tan profundamente arraigados que ya no sea capaz de seguir conteniéndolos. Por lo mismo, estos sentimientos se presentan de una manera agolpada, con imágenes aterradoras o con pesadillas.

Debes recordar que el nivel de bienestar general que permea tu vida tendrá un efecto en la naturaleza y el contenido de tu vida onírica. Si, por ejemplo, estás deprimido o ansioso a causa de una relación sexual de hoy o porque acabas de romper relaciones con tu amante, tu experiencia onírica seguramente estará cargada de negatividad. Es posible que experimentes más pesadillas que de costumbre, quizás en ellas tu ex amante sostiene relaciones sexuales con una persona fantasmal (simbolizando el sentido de pérdida que te embarga a causa del rompimiento con tu pareja). O quizás experimentes sueños angustiosos, basados en el descontento en tu relación íntima, en los que las imágenes sexuales adquieren formas de pesadilla.

Es posible que prefieras evitar una exploración de tales sueños. Pero analizar sueños negativos y tomarse el tiempo necesario para comprenderlos incrementará el conocimiento que tengas de ti mismo. Esto aumentará tu bienestar emocional y te llevará a tener sueños de naturaleza más positiva.

Cómo desarrollar una actitud positiva

Si eres capaz de sobreponerte a cualquier negatividad que concierna a tu ser sexual y al valor de los sueños en tu desarrollo personal, entonces serás capaz de explorar con mente abierta los símbolos individuales que están entretejidos en el rico tapiz de tu vida onírica. También serás capaz de descubrir cómo estos símbolos pueden servirte de guía en tus horas de vigilia. Esta exploración de tus sueños, positiva, abierta y activa, te ayudará a lo largo del viaje que realices para descubrir y desarrollar tu sexualidad.

Es importante saber que tus sueños pueden contener símbolos cruciales de lo que le sucede a tu ser sexual. La conciencia y aceptación del papel que deben interpretar los sueños en tu vida, le permitirá a tu subconsciente revelar mejor los sentimientos, actitudes y anhelos que has mantenido ocultos durante largo tiempo.

Se ha demostrado que mantener una actitud mental positiva facilita toda clase de actividades humanas. Las investigaciones al respecto demuestran que los resultados de ciertas situaciones cruciales en el mundo del trabajo, como entrevistas para conseguir empleo o negociaciones laborales, actividades deportivas, como carreras o juegos de competencia, y un desenvolvimiento general de cuerpo y mente, alcanzan un mejor nivel cuando el individuo que los practica mantiene una actitud mental positiva. Se pueden alcanzar resultados positivos cuando se sabe que uno es perfectamente capaz de afrontar obstáculos, de lograr lo mejor y alcanzar beneficios positivos simplemente probando y aprendiendo de la experiencia misma.

A medida que aceptes cada vez más tu naturaleza sexual, que te muestres deseoso de desarrollar tus relaciones sexuales y que estés más dispuesto a comunicarte sexualmente con tu amante, se incrementará la riqueza de tu vida onírica. El desarrollo personal muchas veces conduce a estados de sueño más intensos o más profundos y hace que recordemos nuestras experiencias oníricas con mayor frecuencia. Esto es particularmente cierto si te sentías nervioso respecto al contenido potencialmente sexual de tus sueños. En efecto, tu potencial de soñar aumenta a medida que todos los niveles de tu conciencia cobran claridad respecto al hecho de que te estás desarrollando como una persona sexual.

Ejercicios sensuales

Los ejercicios sensuales que acompañan a muchos de los casos que se exponen en la sección denominada "Directorio de sueños" (ver las páginas 211-249) están diseñados para alentar tu desarrollo como una persona que goza ampliamente de sus relaciones sexuales. Los he preparado para que te guíen en el desarrollo de tu sensualidad y de tu apreciación de los placeres que se derivan de una vida sexual activa. Te permiten explorar tu sensualidad de manera que ello no represente una amenaza. Estos ejercicios sensuales pueden proporcionarte el fundamento para tus relaciones futuras, la manera en que te relaciones con tus amantes y les permitas compartir la intimidad sexual contigo.

Por supuesto, lo que practiques dentro de tu relación sexual y romántica durante el día, ejerce una influencia en el tipo de imágenes que poblarán tus sueños nocturnos. Los ejercicios sensuales que se exponen a lo largo del libro te ayudarán a obtener una comprensión de tu ser sexual, a incrementar la confianza en tu propia sexualidad, a elevar el nivel de tu comunicación sexual y a mejorar la comprensión de tu amante. Estos pequeños pasos enriquecerán tus experiencias en el "jardín secreto" de tu vida onírica.

Algunos de los ejercicios sensuales propuestos enriquecerán tu desarrollo personal gracias a un hecho fundamental: al aumentar la capacidad de comunicación con tu amante, lograrás comunicarte mejor en otras áreas de la vida. A medida que aumente la confianza en ti mismo y en tu capacidad sensual, los sentimientos que albergues respecto a ti como ser integral también se verán enriquecidos. Nuestra sexualidad es parte integral de la forma en que nos definimos como personas, y al enriquecer uno de estos aspectos logramos enriquecer todo nuestro ser de manera positiva.

También he creado cuatro ejercicios oníricos que se describen al final de esta sección (ver las páginas 45-51). Si realizas cualquiera de estos ejercicios antes de quedarte dormido, serás capaz de incrementar el contenido sensual de cualquiera de tus sueños subsecuentes. No sólo encontrarás placer en todo ello, sino que también te ayudará a desarrollar la sensualidad que experimentes durante la vigilia. Así, aumentarás la confianza en tu propia sexualidad.

Cómo registrar tus sueños

Tener una buena disposición para interpretar tus sueños significa que debes realizar ciertos pasos, sencillos y prácticos, para poder registrarlos. Asegúrate de colocar una linterna de mano o una lámpara junto a tu cama, de manera que puedas escribir cualquier sueño, si es que despiertas durante la noche. Procura tener a la mano un bolígrafo y un cuaderno, y anota el tema central del sueño, junto con todos los sentimientos y detalles que puedas recordar, antes de volver a dormirte.

Si duermes profundamente toda la noche y despiertas por la mañana, antes de que hagas cualquier cosa, relájate y aclara tus pensamientos, de manera que tus sueños puedan regresar hacia ti. De manera consciente, impide que cualquier pensamiento acerca del día que te espera pueda interrumpir este proceso, mientras liberas tu mente con el propósito de recordar las imágenes oníricas. Descubrirás que dedicar unos cuantos minutos a esta actividad brindará beneficios a tu bienestar general, ya que comenzarás el día sintiéndote relajado.

Quizá quieras iniciar un diario de sueños en el cual puedas escribir las notas que has apuntado en el momento de despertar. Al leer retrospectivamente este diario, es posible que descubras que se ha ido formando un patrón onírico y que éste se refleja en las relaciones que mantienes cuando estás despierto. Hasta podría parecer que dicho patrón predice lo que va a suceder. Por ejemplo, si en un sueño particular das un salto cualitativo en tu manera de hacer el amor, encontrarás que también das un paso hacia adelante en la relación sexual que mantienes con tu amante. Tu subconsciente generalmente se encuentra unos cuantos pasos adelante de tus pensamientos conscientes.

Cómo usar la "llave" de los sueños

Incluso las personas más intuitivas se preguntan dónde deberían comenzar a explorar el significado de sus sueños, particularmente en el caso de los sueños eróticos. Éstos pueden contener imágenes dramáticas o gráficas, lo mismo que sentimientos más sutiles que se dirigen al centro de tu ser. Muchas personas se muestran confundidas ante dichas imágenes complejas o potencialmente elaboradas, y se sienten inseguras respecto a cómo diferenciar las distintas imágenes y los diversos sentimientos.

Pienso que un método práctico constituye la mejor manera de iniciar la exploración de los sueños. Para ello, he implementado la siguiente clave, la cual brinda un marco de referencia para analizar tus sueños. Al emplearla, seguramente acrecentará la comprensión de tus sueños sexuales y podrás estar seguro de que no pasarás por alto nada que pueda arrojar luz sobre tu naturaleza sexual o tu relación amorosa. Aun cuando ya estés perfectamente sintonizado con el maravilloso mundo de tu vida onírica, es posible que todavía desees usar esta sencilla clave.

Considera la palabra sueño, en inglés *dream*, como un acrónimo en el que cada letra representa las siguientes palabras individuales:

• Detalle
• Reconocimiento
• Emociones
• Acción
• Mensaje

Cada una de estas palabras indica un área para explorar en cualquier sueño. Desarrolla cada área con el fin de elaborar una imagen completa y descubrir el significado oculto de tu sueño.

Detalle: ¿Qué detalles sobresalen en el recuerdo que tienes de tu sueño? ¿Se trata de un sueño lleno de intrincados detalles o sólo puedes recordar una o dos imágenes?

Reconocimiento: ¿Pudiste reconocer a cualquiera de las personas, lugares o incluso los sentimientos que conformaron tus sueños, o tu paisaje onírico te resulta completamente desconocido y las personas (si acaso las hay) te resultan ajenas?

Emociones: Durante tu sueño, ¿cuál fue la emoción dominante? Por ejemplo, quizás el sentimiento que predominó fue de excitación, frustración, satisfacción o ansiedad sexual.

42

Acción. En todos los sueños existe cierto nivel de actividad, aun cuando sea muy sutil. Lo que resulta importante es el papel que asumas en esta actividad. ¿Interpretaste un papel pasivo, dejando que se te hiciera de todo y tú sólo observaste mientras se te brindaba placer? ¿O tuviste un rol activo, realizando toda la actividad o haciendo diversas cosas a otras personas que poblaron tu sueño?

Mensaje. En un nivel intuitivo, ¿qué es lo que tus instintos básicos te dicen acerca del significado de tu sueño? La interpretación intuitiva que realices en un inicio puede ayudarte a crear una imagen más completa. Es posible que comiences con la creencia inicial de que tu sueño te indica, por ejemplo, que te sientes insatisfecho sexualmente. Luego, explorando un poco más, quizá logres ampliar el panorama, concluyendo que no estás satisfecho porque no sabes liberarte de ciertas inhibiciones cuando estás en compañía de tu amante.

Cuando hayas explorado cada área, intenta vincular todas de manera que te puedan ayudar a tener un punto de vista más amplio respecto a la sustancia y el significado inherentes a tu sueño.

Cómo encontrar el símbolo onírico clave

La mayoría de los sueños tienen un símbolo clave, aun cuando en un principio parecen no ser más que imágenes sin sentido de indecifrables sentimientos o imágenes. El símbolo clave del sueño es aquél que revela la actividad subconsciente más profunda de tu mente. Es fundamental sacar a la luz el significado profundo que encierra un sueño. Por supuesto, muchos símbolos oníricos simplemente parecen contar una historia y se les puede leer con facilidad. Las imágenes pueden, o no, contener significados esclarecedores, y debes considerar que no todos los sueños poseen significados reveladores. En ocasiones simplemente ligan, de manera juguetona, una serie de sucesos recientes y no necesariamente arrojan luz sobre tus sentimientos más profundos.

Con el fin de descubrir un símbolo onírico clave, es importante analizar primero cualquier giro inesperado que acontezca en el sueño. Éstos son los puntos en los que el subconsciente decide, ya sea protegerte de cualquier camino amenazador o sacar a flote algo, para que tú puedas observarlo. Después, si una imagen onírica es particularmente vívida, fuerte o cargada de gran emoción, analízala más detenidamente. Con base en la práctica, llegarás a descubrir que puedes identificar rápidamente el símbolo onírico clave dentro de tus sueños. Además, a medida que tengas mayor conciencia de tu ser sexual y que estés sintonizado con tus relaciones sexuales, te volverás más experimentado en reconocer inmediatamente el símbolo onírico clave de tus sueños eróticos.

Cómo darle forma a tus sueños

Ahora que comprendes los principios fundamentales de la interpretación de los sueños, ya es hora de aprender a darle forma a tus sueños sexuales. He elaborado una serie de ejercicios oníricos para guiarte e intensificar tus experiencias oníricas. Así como las personas se sirven de técnicas al estar despiertas para poder ejercer un influjo sobre sus sentimientos y su comportamiento, los ejercicios oníricos influyen en tus sueños cuando estás dormido. A medida que aprendas a tener una actitud relajada respecto a tus sueños y permitas que tu mente se desprenda de imágenes oníricas del pasado, estos ejercicios te ayudarán a gozar de las nuevas imágenes que el subconsciente genere en tu vida onírica. Recuerda: todo acerca de nuestra naturaleza es interactivo. De la misma manera en que los sentimientos que yacen ocultos en nuestro subconsciente pueden influir en nuestros paisajes oníricos (y nuestro comportamiento al estar despiertos), también nuestros pensamientos y acciones en la vigilia pueden influir en nuestros sueños. Una vez que hayas comprendido que puedes influir en las imágenes de tus sueños, la confianza en tu ser sexual aumentará notablemente. He incluido cuatro ejercicios oníricos para ayudarte a desarrollar una nueva sensualidad en tus sueños. Los cuatro ejercicios oníricos deben ser practicados poco antes de quedarte dormido, cuando te sientas profundamente relajado. Si te descubres pensando en algo sensual durante el día, es posible que desees incluir, más tarde, dichos pensamientos en cualquiera de los siguientes ejercicios oníricos.

Primer ejercicio onírico

Tu naturaleza sensual

Este primer ejercicio onírico busca enriquecer tus sueños en un nivel básico e importante: tu naturaleza sexual. Este ejercicio es particularmente benéfico para las personas que sienten que han perdido contacto con su sexualidad.

La base de este ejercicio onírico consiste en imaginar tu aura sexual —esa inimitable química que conforma tu ser y tu sexualidad. Piensa en tu aura sexual como si fuese el perfume favorito que usas a un nivel sexual y que ofrece las señales, muchas veces subconscientes, que otros captan. Al decir perfume, quiero decir esa embriagante mezcla de cualidades especiales que tú posees como amante. Así que, si te ves a ti mismo como un amante apasionado, quizá visualices tu aura sexual con tintes de un rojo vibrante, fogoso por naturaleza, que pulsa con tu magnetismo animal. Por otro lado, si te percibes como un ser tranquilo, calmado y, sin embargo, igualmente seductor para aquellas personas que se interesan en ti sexualmente, es posible que visualices tu aura sexual como ondas de color azul profundo que fluyen suavemente hacia fuera, desde el centro de tu ser.

Qué hacer

Cuando te sientas suficientemente relajado para dormir, conjura la visión de tu aura sexual. Comienza por considerar todas las cualidades que posees como amante y todas las que podrías poseer. Dale a tu aura forma y sustancia en tu imaginación. Siente el placer que otras personas podrían hallar en ti. Muéstrate realmente positivo contigo mismo éste no es momento para ser modesto. Permite que tu mente vague por estas imágenes placenteras con un aura sexual maravillosa que produzca excitación, tanto en ti como en otros. Ahora, considera el sueño profundo que estás por experimentar. Este momento de tranquilidad y de gozo ayudará a dar forma a sueños sensuales que te producirán gran placer.

Segundo ejercicio onírico

Inicios sensuales

¿Cuál es la escena de seducción con la que te gusta fantasear? Todo mundo sueña despierto sobre cómo podrían seducir a la persona que los atrae o lo que haría si se topara, de repente, con su artista de cine favorito o con un cantante famoso. Es propio de la naturaleza humana tomarse un descanso de los acontecimientos mundanos de la vida y soñar despierto con escenas llenas de fantasía.

Este ejercicio onírico tiene relación con el empleo de la fantasía de ese primer momento de seducción para dar forma a un maravilloso sueño sexual. Resulta particularmente positivo para las personas que padecen de inhibiciones sexuales, ya que les permite ser valientes sin tener que arriesgar nada.

Qué hacer

Cuando ya estés relajado y a punto de quedarte dormido, despeja tu mente de todos los pensamientos que compitan por acaparar tu atención. Haz que se centre en una escena de seducción que te excite sexualmente. Escoge escenas fantasiosas que te funcionen bien. ¿Logras hechizar a un nuevo amante con actitudes seductoras que le quitan el aliento? ¿Sorprendes a un antiguo amante con nuevas técnicas sexuales? Dale forma a las primeras escenas de un sueño sexual y permite que tu subconsciente goce de una sensual caída libre. Conforma el resto del sueño sin permitir que ninguna imagen negativa frene tu placer.

Cuando logras poner en marcha una cadena de conexiones formada por imágenes oníricas, ésta puede conducir a resultados fascinantes, proporcionándote una verdadera revelación acerca de los lugares a donde tu subconsciente quisiera llevarte, sin los obstáculos que pone la conciencia. ¡Aprende de esto!

Tercer ejercicio onírico

Caminos sensuales

Una vez que hayas llevado a cabo exitosamente los ejercicios oníricos inicios sensuales y tu ser sensual, habrás alcanzado un estado de mayor relajamiento respecto a tu ser sexual. Estarás preparado para desarrollar tu sexualidad y listo para probar el tercer ejercicio onírico, caminos sensuales, que requiere de tu plena confianza sexual y de una mente abierta.

Este ejercicio es un vehículo para crear un paisaje onírico sexual mucho más vasto. Consiste en que pienses en tu fantasía sexual favorita de principio a fin, desde los comienzos sensuales hasta los encuentros eróticos, siguiendo un camino sensual imaginario para ver hacia dónde te conduce tu mente. Al seguir tu propio camino podrás gozar de tu yo sensual de una manera íntima y aumentará tu sensualidad.

Qué hacer

Comienza a fantasear libremente, justo en el instante en que estés a punto de quedarte dormido. Ahora visualízate en un jardín exuberante. Comienza a observar toda clase de flores tropicales exóticas y plantas abundantes. ¿A quiénes podrías encontrar dentro de este escenario hermoso? ¿Qué estarían haciendo estas personas? Tu fabuloso amante podría estar esperando a una persona especial: tú. O es posible que uno de tus amantes, pasado o actual, esté descansando allí, gozando la cálida luz del sol.

Tú te sientes de maravilla, confiado, listo para probar cualquier cosa que ya hayas imaginado. Construye tu viaje completo a través de tu jardín secreto, dándole relieve con imágenes eróticas que provienen de tu propio mundo secreto de deseo sexual. Detente y goza del momento en cada punto de tu recorrido sensual. No te apresures. Considera cuidadosamente cada suceso erótico a lo largo de tu recorrido. Los puntos eróticos sobre los cuales medites poco antes de quedarte dormido darán forma a los sueños que estás a punto de experimentar pues, a medida que comiences a entrar en el mundo del sueño, tu mente seguirá las imágenes eróticas de tu camino sensual, desarrollando nuevos encuentros subconscientes que resultarán reveladores al despertar.

Procura tener un cuaderno al lado de tu cama. Cuando despiertes, anota cualquier cosa que puedas recordar de tus paisajes oníricos y de tus sentimientos respecto a tus experiencias sensuales. Analiza tu sueño, usando la clave del sueño (ver las páginas 41-42) para descubrir cualquier significado inherente.

Cuarto ejercicio onírico

El clímax erótico

Con cada nueva interpretación te sentirás cada vez más seguro para explorar tu sexualidad, ¡esto es un desarrollo sumamente positivo! ¿Te gustaría que tus sueños sexuales concluyeran con una sensación orgásmica, maravillosa y reconfortante? Este ejercicio onírico te permite crear un final sexual satisfactorio. Nunca más te sentirás frustrado en tus sueños.

El ejercicio onírico clímax erótico es muy flexible, pues te permite escoger la manera en que le darás forma a tu clímax durante el sueño. Por ejemplo, puedes tomar un sueño erótico del pasado y construirle el final climático que te parezca. Si aquel sueño te dejó insatisfecho, ahora puedes darle un final satisfactorio. Quizá prefieras crear un camino sensual que tenga el final satisfactorio que tú desees.

Qué hacer

A medida que te relajas, preparándote para el sueño, piensa en el más maravilloso orgasmo que jamás hayas experimentado (o tal vez alguno que hayas experimentado realmente). ¿Puedes recrearlo con todos sus deliciosos detalles? ¿Es así como te gustaría que terminara tu próximo sueño erótico, con satisfacción plena? Quizá nunca has experimentado un orgasmo profundamente estremecedor y te gustaría soñar con uno. Ya es hora de que te conectes con esta maravillosa realidad o con tu más querida fantasía acerca de lo que un orgasmo debe ser.

En la medida que recorras el sendero sensual que deseas para tus sueños, acércate al clímax con toda una serie de detalles. Por ejemplo, puedes hacer que tu amante actual aparezca en las imágenes de tus ejercicios oníricos. Los seres que pueblan tus sueños te provocan un enorme placer al excitarte de todas las formas imaginables. Primero, atan tus muñecas y tus tobillos suavemente, de manera que quedes completamente a su merced. Después, masajean con aceites sensuales todo tu cuerpo, principalmente tus zonas más erógenas e íntimas. Posteriormente usan sus labios y su lengua para acercarte cada vez más al clímax, recorriendo todo tu cuerpo y dibujando círculos sobre las áreas más sensibles. Pero no te permiten llegar totalmente al orgasmo.

Ahora imagina la liberación final, el orgasmo que a ti te gustaría experimentar: tus miembros se estremecen, pidiendo a gritos más y jadeas con placer. Con esta sensual imagen final en tu cabeza podrás relajarte, dormir profundamente y darle forma a sueños eróticos que te provocarán una plena satisfacción sexual.

2. Cómo interpretar tus sueños

Esta sección contiene veinticuatro sueños que me relataron hombres y mujeres, y abarcan una amplia variedad de temas sexuales. Cada caso tiene una interpretación práctica, un análisis del sueño y sugerencias para resolver los problemas que han sido revelados por las imágenes oníricas. También se incluye una serie de cuestionarios y de temas relacionados que pueden ayudarte a interpretar tus sueños. En muchos casos, se sugieren ejercicios sensuales específicos que fueron puestos en práctica con éxito por otras personas.

Los sueños han sido agrupados de acuerdo con su tipo. Ocho son declaradamente sexuales (ver las páginas 59-106); diez son sexualmente velados, en ellos el subconsciente ha protegido al soñador al disfrazar su contenido sexual (ver las páginas 107-173); y seis son sueños sexuales absurdos, en los que aunque el contenido es sexual, resulta ridículo para el soñador (ver las páginas 173-209).

Es posible que antes de comenzar a interpretar tus propios sueños, logres familiarizarte con estas tres categorías, al leer los distintos casos que presentamos. Por otro lado, quizá prefieras escoger el caso onírico que se asemeje a tu sueño erótico más reciente. Para este efecto, busca la descripción por temas que se detallan adelante.

Casos clínicos de sueños

Cuando recuerdas un sueño cuya posible interpretación te resulta desconcertante, lo primero que debes hacer es decidir a cuál de las tres categorías pertenece. ¿Se trata de un sueño declaradamente sexual, de un sueño sexual velado o es un sueño sexual absurdo? Es probable que quieras leer todos los sueños de la categoría elegida junto con su análisis, para determinar si los problemas sexuales que han emergido gracias a esos sueños tienen alguna relevancia en tus actitudes o en la situación que enfrentas. Aun cuando no sea así, indudablemente el análisis de estos sueños te ayudará a analizar los propios; incluso es probable que un problema sexual que haya salido a flote gracias a un sueño ubicado en las otras dos categorías se relacione más con tus propios sentimientos y con tu vida.

Probablemente descubras que uno de los sueños referidos en el "Directorio de sueños" es similar en tema a tu sueño. Con el fin de ayudarte a identificar el caso clínico que más se asemeje a tu experiencia onírica, el tema de cada sueño ha sido resumido. Por ejemplo, quizás en tu sueño estuviste cubierto de tierra o de lodo y las imágenes eran abiertamente sexuales. Esto es similar al tema del sueño de Mary (ver la página 142). Como consecuencia, al estudiar este sueño y su interpretación, obtendrás revelaciones respecto al simbolismo y el significado general de tu propio sueño. También encontrarás valiosos consejos para resolver problemas específicos.

Cuando tus imágenes oníricas no se asemejen a ninguno de los casos clínicos referidos, pero alguno de los sueños llega a tocar ciertas fibras sensibles, un cuidadoso análisis de ese sueño y de la situación que vive el soñador pueden ayudarte a comprender mejor tu propio comportamiento sexual, así como los sentimientos que guardes al respecto. También se ofrece una serie de cuestionarios, de manera que puedas basar tu análisis en alguno que tenga una relevancia inmediata, incluso cuando el tema del sueño que lo acompaña no se le parezca.

Sueños abiertamente sexuales

El sueño de Jane, página 59
Tema: Orgasmo femenino inhibido: dificultad de actuar libremente y gozar del orgasmo.
Cuestionario: Evaluando tu intimidad sexual.

El sueño de Sandra, página 67
Tema: Diferentes niveles de deseo sexual: cómo las distintas expectativas pueden ocasionar dificultades en una relación sexual.

El sueño de Ángela, página 69
Tema: Preocupación acerca de la sexualidad: interpretación de fantasías con miembros del mismo sexo.

El sueño de Jeremy, página 76
Tema: Dificultad de tener una erección: cómo la pérdida de erección puede afectar una relación.

El sueño de Linda, página 85
Tema: Valerse del sexo para obtener afecto: cuando un individuo se esfuerza por alcanzar un contacto afectivo por medio del sexo.

El sueño de Tony, página 88
Tema: Pérdida del deseo sexual: cómo esto puede surgir y provocar dificultades.

El sueño de Serge, página 95
Tema: Control sexual: uso del poder sexual para controlar al otro integrante de la relación.

El sueño de Alexis, página 100
Tema: Adicción al sexo/ tomar riesgos: uso inapropiado del comportamiento sexual para satisfacer necesidades emocionales.

Sueños sexuales velados

El sueño de Fiona, página 107
Tema: Deseos frustrados: la pérdida de capacidad inventiva, creatividad y desarrollo en una relación sexual.

El sueño de Francesca, página 116
Tema: Desilusión sexual: cómo esto puede afectar la relación íntima.

El sueño de Raj, página 121
Tema: Dificultad para eyacular: cómo las emociones pueden inhibir la respuesta sexual.

El sueño de Carrie, página 125
Tema: Dominio sexual: el gozo de las prácticas de dominio ejercidas por un miembro de la pareja y cómo esto puede afectar a la otra persona.
Cuestionario: ¿Qué tan dominante eres en términos sexuales?

El sueño de Alan, página 134

Tema: Rehusarse a mantener relaciones sexuales: cuando se usa el sexo como una herramienta de chantaje emocional.

El sueño de Mary, página 142

Tema: Actitudes sexuales negativas: lo inhibidoras que pueden resultarle a un individuo.

El sueño de Justine, página 148

Tema: Cuando se siente lujuria por un ex amante: cuando aún existen sentimientos sexuales por un viejo amor.

Cuestionario: ¿Es necesario que dejes atrás el pasado?

El sueño de Penny, página 154

Tema: Culpabilidad sexual a causa de un romance pasado: cómo un romance que ha terminado puede afectar a los involucrados.

El sueño de Bill, página 160

Tema: Sexo después del parto: cuando los hombres cambian de actitud hacia su pareja después del parto.

El sueño de Henry, página 166

Tema: Presión para llegar a un triángulo sexual: la presión sexual y sus efectos en los sentimientos de cada individuo.

Cuestionario: Evalúa tu resistencia a la presión sexual.

Sueños sexuales absurdos

El sueño de Elizabeth, página 173
Tema: La lujuria por alguien que nos disgusta: la confusión que se produce cuando se mezclan sentimientos sexuales y sentimientos negativos intensos.

El sueño de Eric, página 179
Tema: Sexo con un personaje de nuestra fantasía: la incorporación de personas inalcanzables en nuestros sueños eróticos.
Cuestionario: Evalúa tu potencial de pasión.

El sueño de Melanie, página 186
Tema: Sexo platónico con un amigo: cómo una amistad puede conllevar una carga sexual.
Cuestionario: ¿Te sientes atraída sexualmente por tu amigo?

El sueño de Simon, página 192
Tema: Sexo en un lugar de nuestra fantasía: gozar del sexo en lugares inapropiados.
Cuestionario: ¿Acaso tus fantasías enriquecen tu vida sexual?

El sueño de Nancy, página 198
Tema: Alarde público de un comportamiento sexual: anhelo de exhibicionismo.
Cuestionario: ¿Qué tanta confianza tienes en tu sexualidad?

El sueño de Lisa, página 203
Tema: Sexo con una figura de autoridad: sentirse atraído por el poder y su conexión con la sexualidad.

Anhelo de una intimidad

"Mi amante me ofrecía sexo oral de manera apasionada, como si yo fuera su banquete. Se dio un festín durante lo que pareció una eternidad. El placer era intenso y crecía cada vez más, hasta sentir que estaba a punto de explotar... pero jamás llegué al orgasmo. Al despertar, mi corazón latía fuertemente. Me sentí ansiosa y vulnerable, como si mi alma hubiese sido desnudada."

Trasfondo e interpretación

A Jane, la intimidad le provoca dificultades tanto en el ámbito emocional como en el sexual. Esto tiene su origen en ciertas experiencias desagradables que vivió de niña. Su actual relación con Peter le provoca una gran angustia y Jane, finalmente, ha aceptado abrir su corazón para discutir estos problemas con su amante. La reacción de él fue ambigua: sintió compasión por el sufrimiento de Jane, pero también desconcierto respecto a cómo acercarse a ella sin provocarle angustia. Sin embargo, Jane considera que esta nueva actitud de apertura implica claramente un progreso positivo, aun si el efecto logrado parece acrecentar sus problemas en este momento. La relación sexual entre ambos sigue siendo insatisfactoria.

Análisis del sueño de Jane

Las imágenes oníricas, combinadas con experiencias que provienen de la vida real, revelan el significado de este sueño. El sueño de Jane demuestra que, a pesar de su apariencia de fragilidad, siente gran pasión por su amante. Su conciencia de que la intimidad sexual en su relación está siendo bloqueada por la infelicidad que vivió en el pasado, se ve reflejada en su sueño. La intensa excitación de ella representa sus necesidades sexuales. Al permitir que su amante le ofrezca sexo oral —una de las técnicas sexuales más íntimas que existen— demuestra que Jane realmente desea intimidad.

El sexo oral es un aspecto que aparece con bastante frecuencia en los sueños de aquellas personas a quienes se les dificulta alcanzar la intimidad. El subconsciente lanza imágenes de sexo oral como una especie de reto interior. Está forzando al soñador a reconocer la intimidad de la que carece, por medio de imágenes poderosas. La incapacidad de Jane de "dejarse ir" y alcanzar el orgasmo en el sueño, nos revela que ella aún permanece encadenada a su doloroso pasado; necesita trabajar en esto antes de poder liberarse y alcanzar el orgasmo en la vida real.

Solución del problema

Además de continuar con su terapia, Jane trató de llevar a la práctica dos ejercicios sensuales que ayudan a reducir el miedo a la intimidad.

Fortalecimiento de la confianza

Cada miembro de la pareja anota una actividad sexual que ha rehusado practicar dentro de esa relación —o incluso en cualquier momento de su vida. Intercambian sus notas. Juntos abren sus papeles y luego practican cada una de las dos actividades. Estas actividades sexuales pueden ser tan sencillas o complejas como quieras, desde "me gustaría mostrarle mis pechos a mi amante", hasta "me gustaría escoger una posición sexual nueva que podamos poner en práctica". Incluso pueden ser muy específicos respecto a la hora y el lugar en que harán el amor de esa manera.

Mayor fortalecimiento de la confianza

Ambos acuerdan qué zona erógena desean explorar en la persona que teme a la intimidad. Entonces, se le vendan los ojos a esa persona y ella permite que su amante le acaricie suavemente la zona seleccionada, en el entendido de que pueden detener el ejercicio en el momento que deseen. La idea es aprender a relajarse, gozar de la situación y entregarse libremente a las caricias de su pareja.

Evalúa tu intimidad sexual

Si piensas que para ti es un problema alcanzar una verdadera intimidad con tu pareja, trata de contestar las siguientes cinco preguntas. Cada pregunta tiene tres respuestas opcionales. Anota tres puntos para cada respuesta a, dos puntos para cada respuesta b, y un punto para cada respuesta c.

1. ¿Eres honesto con tu pareja acerca de tu habilidad o tu incapacidad de alcanzar un orgasmo?
a) Sí
b) La mayor parte del tiempo
c) No

2. ¿Sientes una especie de incomodidad o estado de angustia cuando tu pareja te hace insinuaciones sexuales?

a) Nunca

b) A veces

c) Frecuentemente

3. ¿Temes que tu pareja te rechace si rehusaras sus habilidades sexuales?

a) Nunca

b) A veces

c) Frecuentemente

4. ¿Sientes la libertad de confiarle a tu pareja qué es lo que te excita?

a) Sí

b) A veces

c) Nunca, a pesar de que me gustaría poder hacerlo

5. Si experimentaras incomodidad de cualquier tipo al hacer el amor, ¿se lo dirías a tu pareja?

a) Sí

b) Depende de las circunstancias

c) No, a pesar de que me gustaría poder hacerlo

11 a 15 puntos: alto nivel de intimidad sexual

Experimentas un alto grado de intimidad sexual con tu pareja. Tu adecuada conciencia emocional te permite comunicar tus necesidades sexuales. Permite que tus sueños te conduzcan a formas más creativas de expresión. Intenta practicar las posiciones poco comunes que posiblemente contengan y recrea la profundidad de sentimiento a la hora de hacer el amor en la vida real.

6 a 10 puntos: nivel moderado de intimidad sexual

A veces no sientes la suficiente seguridad para comunicar abiertamente tus necesidades sexuales. Al interpretar tus sueños sexuales, busca los símbolos que expresen tu deseo subconsciente de alcanzar una mayor intimidad. En los sueños, el anhelo de alcanzar una mayor intimidad puede ser particularmente importante. ¿Qué es lo que verdaderamente anhelas? ¿Ansías poder tocar a tu pareja de una manera más íntima? ¿Deseas llamarlo en voz alta? En los sueños, el acto de tocar implica querer ser más expresiva en términos físicos. Hablar en voz alta señala el temor que sientes de no estar expresando tus verdaderos deseos. Explora los símbolos oníricos que indiquen temor a la intimidad, tales como:

• El amante que va y viene de tu cama
• Cambiar posiciones amorosas antes de estar lista
• Interrupciones en el encuentro amoroso (una mascota que salta sobre la cama o la cama que desaparece).

Vuelve a examinar las respuestas del cuestionario y considera, particularmente, aquéllas en las que sólo obtuviste uno o dos puntos. Éstas indican las áreas que te resultan difíciles y que puedes mejorar.

Temas relacionados

Lamer/chupar

Generalmente, estas actividades orales significan que gozas tu actual relación sexual. La ternura desplegada en dichas actividades simboliza la existencia de profundos sentimientos de amor. El entusiasmo demostrado al realizar dichas actividades muestra la terrenalidad de los sentimientos del soñador. Cuando dichas actividades están acompañadas de sentimientos de angustia, temor o infelicidad, sugieren una coerción en la relación sexual. Sientes que debes hacer ciertas cosas para complacer a tu pareja.

Mordisqueos suaves

Esta acción significa que sientes inhibiciones de entregarte enteramente durante tu relación sexual. No eres capaz de relajarte y gozar del erotismo.

1 a 5 puntos: un bajo nivel de intimidad sexual

Es posible que les permitas a tus amantes dominar tu vida sexual o que no tengas el valor para expresar tus necesidades. Quizá buscas amantes egocéntricos ya que, inconscientemente, sabes que ellos no te exigirán una verdadera intimidad. Analiza tus sueños sexuales. ¿Te

relación. Ella intentaba oponerse a dicha presión y mantener la relación porque, a pesar de todo, Serge también tenía buenas cualidades. Por un lado, era extremadamente inteligente y ella sentía que él la estimulaba intelectualmente. Pero ambos intelectos parecían ser incapaces de manejar adecuadamente las crudas emociones que sucedían en la recámara.

Análisis del sueño de Serge

El sueño de Serge se inicia con una escena en la que él descansa en pijama, cosa que sabe le molesta a Marina porque él muchas veces le pide que le acaricie a través de la bragueta abierta de su pantalón. Ella se queja de que él exige tener relaciones sexuales siempre que se le antoja. Esto establece en Serge un sentimiento de estar en lo correcto. Marina entra al cuarto portando un abrigo, reflejando la creencia de Serge: que ella siempre se hace la difícil. La irritación que siente al tiempo que intenta besar a Marina, que no deja de parlotear, refleja la que él siente a menudo en la vida real porque ella no presta suficiente atención a sus necesidades. Serge ignora el parloteo de Marina y, mejor, besa el abrigo. El hecho que él goce de la textura lanosa del abrigo simboliza el placer que siente al brindarle sexo oral a Marina, muy a pesar de que ella no sienta nada o esté siquiera consciente de ello.

Tirar del cinturón de Marina es claramente un símbolo de que él trata de forzarla, en la vida real, a hacer lo que él quiere, siempre en sus términos. Al rodear el cuerpo de ella con el cinturón, su subconsciente demuestra que a él le gustaría tenerla atada y a su disposición. Simboliza su deseo de controlarla a tal punto que ella, literalmente, no pueda siquiera moverse. La aparición de sus partes privadas —y la consecuente excitación de Serge al verlas —simboliza cómo mantiene una distancia

Temas relacionados

Observar secretamente a otros hacer el amor

Las imágenes de este sueño sugieren que te estás escondiendo de tus propios deseos sexuales. Revisa mentalmente la escena que gozaste en tu sueño; quizá puedas incorporar a tu propia vida sexual las prácticas que aparecen ahí.

Ser observado mientras haces el amor

Este sueño revela que anhelas ser menos inhibido en tu relación sexual. Ya es tiempo de que te liberes de ciertos hábitos sexuales negativos, tales como la inhibición sexual frente a tu amante.

Participar en una orgía

Esta imagen onírica puede constituir un deseo común de satisfacer una fantasía que, sabes bien, es improbable que cumplas. Una advertencia a quien esté considerando la posibilidad de unirse a orgías: asegúrate primero que lo que realmente deseas es hacer el amor en grupo. La fantasía generalmente es más interesante que la realidad. Nunca te sientas obligado por una pareja a participar en una escena de sexo en grupo. Si te sientes dispuesto a probarlo, insiste en que usen condones. Antes de iniciar, pónganse de acuerdo en algunas reglas básicas sobre el tipo de actividades sexuales en las que participarán.

Recobra tus deseos iniciales

Durante un momento tranquilo (preferentemente en una cena a la luz de las velas), tomen turnos para describirse qué es lo que inicialmente despertó su deseo sexual por el otro. Sean tan gráficos y tan detallados como les sea posible. Recordarse mutuamente la atracción sexual que sintieron al inicio de la relación puede ayudar a reavivar dichos sentimientos.

Repetir un éxito erótico

Cada uno de ustedes debe escoger una experiencia erótica que hayan gozado juntos. Pónganse de acuerdo en cómo recrear lo que pasó anteriormente. Quizá fueron a un día de campo y posiblemente terminaron haciendo el amor bajo un claro cielo azul. Tómense el tiempo necesario para volver sobre sus pasos. Gocen juntos del momento, recreando éxitos sexuales del pasado.

La satisfacción de un deseo

Acuerden compartir mutuamente un deseo secreto. ¿Qué es lo que te gustaría intentar con tu pareja en privado? Satisfacer los deseos del otro tendrá un efecto sumamente positivo, aumentando el deseo sexual.

Ejercicio onírico Tu yo sensual

Justo antes de quedarse dormido, Tony empleó esta técnica imaginativa (ver la página 45) para darle forma a sueños en los que gozaba de un apetito sexual desbordante.

con Marina como persona. Su subconsciente está demostrando que él goza de sus pechos y de su vagina, sin siquiera pensar en ella como un ser integral. Pero Marina se le escapa en el sueño: en la vida real ella no está dispuesta a someterse a sus deseos. Cuando ella dice: "¡Nunca le prestas atención a mi abrigo!", es una muestra de que su subconsciente lo está protegiendo de un hecho: ella siente que Serge jamás presta atención a sus verdaderos sentimientos. El abrigo es un símbolo poco común para dichos sentimientos y la amplia brecha que provoca entre ambos.

Solución del problema

Serge siente que Marina no hace lo suficiente para satisfacer sus necesidades y Marina piensa que él trata de controlar todo en su relación sexual. Se culpan mutuamente de lo que sucede, lo que dificulta que rebasen esta etapa. Ambos necesitan encontrar una manera más sana de manejar sus conflictos sexuales y emocionales. Cualquier persona que intente valerse del sexo como un medio de control dentro de una relación, debe aprender a relacionarse con la otra persona. Ambos necesitan darse cuenta que su relación sexual no constituye una serie de premios por buen comportamiento y que no debe usarse para controlar al otro.

Adicta al sexo

Me encontraba en un restaurante con unas amigas. Una de las mujeres, a quien no conocía, me susurró al oído algo acerca de que "la fiesta" estaba en pleno apogeo en el cuarto trasero. De pronto, comencé a seguirla hacia un cuarto privado en el que se desarrollaba una tumultuosa fiesta. Al entrar, nadie volteó a mirarnos y yo le dije: "¿Sabrán que hemos entrado sin ser invitadas?" Nadie hizo caso de mi comentario y de inmediato un hombre me tomó por la cintura y comenzó a acariciarme sensualmente. Acepté sus caricias sin duda alguna. Me acostó sobre una mesa y me penetró. Se sacudía como un garañón y en unos instantes todo había terminado. Vagué hacia otro hombre que me miraba lascivamente. Nuevamente me entregué a sus caricias; era como si estuviera en celo. Me sentía insaciable. Me bajó al piso y dimos una y otra voltereta, abrazados en un tórrido abrazo sexual. Miré hacia arriba y le sonreí a otro hombre que me observaba. Luego, la mujer que me condujo a la fiesta, me dijo: "¿Acaso no tienes modales?" Me sentí sumamente ofendida y su comentario llegó hasta lo profundo de mi ser.

Trasfondo e interpretación

Alexis casi nunca ha logrado mantener una relación que trascienda la etapa de coqueteo. Últimamente había tenido una serie de encuentros sexuales de una sola noche que la habían dejado vacía. De hecho, se siente desconectada y sin valor. Sin embargo, sigue acudiendo a los bares y centros nocturnos en busca de más de lo mismo. Alexis se ha quejado con su mejor amiga, aduciendo que no debería sentirse tan vacía si sólo se trata de relaciones puramente sexuales. No ha podido vincular su comportamiento sexual con sus necesidades emocionales. Ahora cree que ha llegado el momento de meditar antes de lanzarse a la cama de nuevo. Sabe que resultará difícil, ya que cuando sale con sus amigos, aun cuando ellos intenten desalentarla, se le dificulta no buscar un poco de "acción masculina", como ella lo llama. Puede darse cuenta de que el mensaje de su sueño está ligado a los sentimientos negativos que la embargan después del "acostón".

Ejercicios sensuales

Aprender a expresar emociones

Serge necesitaba decirle a Marina lo que sentía respecto a distintos temas, en vez de vengarse de ella en la cama, asediándola con exigencias sexuales. Él comenzó por anotar en un pequeño diario, según iban apareciendo, los sentimientos que Marina y su relación con ella le inspiraban. Ambos tomaron el tiempo necesario para analizarlos juntos. El haber escrito sus sentimientos en un diario privado, les permitió atreverse a discutirlos. Marina fue capaz de describir qué efecto producían en ella los distintos temas anotados en el diario, y estuvo dispuesta a discutirlos.

Aprender a negociar

Marina deseaba sentir que sus estados de ánimo y sus necesidades sexuales también contaban en la relación. Ella quería que Serge aceptara que a veces no estaba de humor para hacer el amor o que no deseaba aceptar sus sugerencias para probar algo nuevo. No quería verse obligada a justificar sus sentimientos; quería que Serge dejara de burlarse de sus sugerencias, tal y como lo había hecho en el pasado, considerándolas

Análisis del sueño de Alexis

El restaurante representa el aspecto social de la personalidad de Alexis. En los sueños de las personas sociables es común encontrar escenas demasiado románticas o tontas. Si ella deseaba que él le diera un masaje sensual, entonces él debía intentarlo.

Curación sensual

Es muy sano liberarse de la sensación apremiante de que todo debe ser puesto a prueba en la cama o de que el dominio sobre la relación debe ganarse en ese terreno. Serge se visualizó a sí mismo relajándose en un ambiente sensual, gozando del momento, en vez de meditar en la manera de sacar ventaja al subyugar a Marina. Su meta era gozar el momento, sin pensar en motivos ulteriores. Serge gozó verdaderamente con las visualizaciones en las que él ofrecía sexo oral a Marina, sin pensar: "Ahora ella me debe una." Ahora podía darse cuenta de qué positivo resultaba desembarazarse de dicha presión.

Ejercicio onírico Caminos sensuales

Serge se valió de este ejercicio (ver la página 48) para crear una escena en la que él paseaba agradablemente por una hermosa vereda al lado de Marina, gozando de un vínculo libre y afectuoso. Imaginó un sueño que terminaba con ambos haciendo el amor con igual intensidad.

que se desarrollen en un restaurante. Este aspecto la ha llevado a buscar, en forma poco apropiada, la atención y emoción que anhela. La mujer desconocida que susurra a su oído representa la parte de su ser emocional que ha superado toda convención social, todo límite.

Temas relacionados

Estar envuelto por algo o por alguien en un sueño

Si la sensación que acompaña a esta imagen es agradable, entonces quizá quieras asumir un rol más pasivo en el sexo. Si evoca un sentimiento incómodo, entonces es posible que sientas que tu amante intenta controlarte —al envolverte literalmente e impedir que te muevas durante el acto sexual del sueño.

Cuando las partes privadas quedan expuestas

Si son tus partes íntimas las que quedan expuestas ante la mirada de otra persona (en vez de mirar tú las partes privadas de tu pareja, como sucede en el sueño de Serge) y esto te provoca placer dentro del sueño, sugiere que te gustaría mostrar mayor

Esta característica suya que gusta de aceptar retos y asumir riesgos, se ve expresada sexualmente. Alexis sigue felizmente a la mujer hacia la fiesta, pero el aspecto más sensible de su personalidad trata de hacerse notar al hacer la pregunta: "¿Sabrán que hemos entrado sin ser invitadas?" Tiene conciencia y no desea ser vista como alguien que entra a los sitios sin ser invitada. De manera más específica, ella no quiere ser considerada como una "mujer fácil".

Permitir que el primer hombre la tome de la cintura y se imponga sexualmente, indica su pérdida de control en los encuentros sexuales, Alexis permite que los hombres hagan cosas con su cuerpo, en vez de

sensualidad ante tu pareja. Si tu cuerpo es expuesto con orgullo frente a otras personas y te provoca cierta angustia, significa que te sientes presionada sexualmente en tu relación.

El uso de prendas de vestir que te hagan destacar

Si en tu sueño estás vestido mientras los demás permanecen desnudos, significa que te sientes desprendido de tu relación sexual. Eres tú quien queda fuera. Si sientes ganas de desprenderte de toda esa ropa, estás indicando tu deseo de transformar tu relación sexual en este momento. También puede significar que actualmente estás pasando por un periodo de crecimiento sexual y de aceptación.

que las hagan *con* ella. La poderosa imagen en la que el hombre se "sacudía como un garañón" revela lo animales y básicos que se han vuelto sus encuentros sexuales. El interludio termina en cuestión de segundos, reflejando su fugacidad. Luego, Alexis sucumbe ante los asedios de otro hombre —de la misma manera que sucede en la vida real— simbolizando su falta de control. Sentirse "insaciable" simboliza lo profunda que es su sexualidad. Sin embargo, no ha sido templada con precauciones para su bienestar emocional. El simbolismo general de las imágenes sexuales que se desarrollan en la fiesta revelan, en un sentido más profundo, que lo que ella hace será juzgado por otros. Y la última pregunta, referente a sus modales, es una cachetada con guante blanco de parte de su subconsciente. Evita decirse a sí misma: "¿No estás comportándote como una puta?". Al despertar, a Alexis no le queda la menor duda acerca de la naturaleza profundamente simbólica de ese comentario.

Solución del problema

Alexis ha estado dedicada a tener encuentros sexuales de una sola noche, sin pensar siquiera en su propio bienestar emocional. Se queja de que estos encuentros le dejan sentimientos negativos, cuya causa no ha sido capaz de comprender; de hecho, este ciclo de encuentros sexuales vacuos tiene un efecto acumulativo en su autoestima. El primer paso que debe dar es intentar comprender por qué anhela tanta atención y/o situaciones de riesgo, con un comportamiento sexual enfermizo.

Por medio de un cuidadoso análisis, Alexis llegó a descifrar algunos de los demonios internos que la orillaban a mantener un comportamiento sexual adictivo. Comprendió que su manera de aceptar riesgos la protegía de enfrentar las realidades de su vida y que la atención que recibía al hacer el amor era algo agradable, pero que dejaba un inmenso vacío tras de sí. Para llenar este vacío, había buscado una actividad sexual más intensa, lo cual sólo la condujo a sentimientos negativos cada vez más profundos. Se percató de que era absolutamente necesario romper este ciclo.

Cómo manejar
la frustración sexual

Estaba entre una manada de caballos que comían estrepitosamente. Sus cascos golpeaban la tierra con tal fuerza que todo mi cuerpo comenzó a temblar. No podía contar cuántos eran pero tenía la sensación de estar totalmente rodeada. Mi corazón latía rápidamente y me sentí sumamente excitada. Traté de saltar sobre el lomo de uno de ellos, pero no me pude asir y acabé por resbalarme. Traté de detenerme de la crin de otro y, una vez más, me resbalé. En ese momento no sentía el menor miedo, sólo deseaba estar con uno de ellos. Luego me di cuenta de que se dirigían a un precipicio. Con creciente angustia, miré cómo iban cayendo uno a uno. No podía ver el fondo, pero sabía que debían haberse golpeado contra el suelo. Parecían saltar en cámara lenta y mi estado de angustia creció a medida que les gritaba a los demás para prevenir que dieran ese salto fatal.

Trasfondo e interpretación

Este sueño fue descrito por Fiona, quien ha vivido con su amante durante cinco años. Durante este último año, su relación sexual se había deteriorado. Aún se siente atraída por su amante pero él parece no mostrar el menor interés. Su estilo erótico ha caído en la rutina, lo cual resulta frustrante para ella. A pesar de que califica el resto de la relación como "buena", le preocupa que él ha llegado a aburrirse, lo mismo que ella, y que quizá se aleje. Ella ha tratado de experimentar nuevas formas de hacer el amor, esperando dar en el blanco y hallar lo que complazca a su amante; ella ha interpretado el papel de "vampiresa",

Ejercicios sensuales

Alguien que lucha contra la adicción sexual o contra comportamientos adictivos de cualquier índole, necesita aprender que la conexión emocional con otra persona debe ser lo más importante. Esa conexión emocional puede conducir a relaciones sexuales más plenas.

Tomarse el tiempo necesario

Tomarse el tiempo necesario para llegar a conocer tu sensualidad y la de la otra persona, incrementará la de los dos. Los encuentros sexuales "rápidos", "animales", quizá tengan su lugar entre los actos amorosos, pero no hasta que el adicto haya obtenido el control sobre su propio comportamiento compulsivo. Cuando identifiques cualquier comportamiento sexual negativo que afecte tu bienestar emocional, necesitas aceptar que debes darte el tiempo necesario para explorar tus propias respuestas sexuales.

Se puede llegar a un autoconocimiento por medio de la masturbación que se realiza en un momento de relajamiento. Explora tu cuerpo cuidadosamente para descubrir qué es lo que te excita. En compañía de tu nuevo amante, dense el tiempo necesario para brindarse masajes sensuales y realizar jugueteos previos y, de esa manera, llegarán a obtener un verdadero conocimiento de su cuerpo y no tan sólo un vistazo apresurado del mismo.

Buscar el riesgo en otro lado

Con el fin de moderar tu necesidad de tomar riesgos sexuales, busca otras maneras no destructivas de darle emoción a tu vida.

Realizar deportes de acción o participar en un grupo de teatro pueden ser una buena opción. Una vez que hayas establecido una relación plena con un nuevo amante, quizá quieras introducir en tu relación sexual algunas actividades emocionantes que le den sazón a tu vida erótica, en caso que ambos lo deseen (ver los ejercicios sensuales de las páginas 82-83).

Aprender a asumir el control

Dejarse guiar por impulsos sexuales en vez de controlarlos, puede conducir a encuentros poco satisfactorios. Necesitas asumir el control de tus encuentros sexuales de manera que los tengas con personas con las que realmente deseas mantenerlos en el momento que tú lo desees, y no como una manera de obtener afecto o atención. Las personas con tendencias adictivas encuentran que es difícil controlar el desarrollo de las relaciones sexuales para que ocurran a un ritmo placentero.

Si lo anterior refleja tu propia actitud, toma las cosas con calma y fíjate una meta para el próximo encuentro. Por ejemplo, decide que no participarás en actividades sexuales hasta estar segura de que te interesa la otra persona y de que ésta también se interesa por ti. Siempre presta atención a tus instintos. Si te indican que a la otra persona sólo le interesa el sexo, no lo deseches. Ignora los impulsos de probar que estás equivocada o tratar de atrapar a esta persona huidiza. Piensa cuáles son los sitios en los que has conocido a tus parejas sexuales anteriores (¿en centros nocturnos y en bares?). Planea conocer a nuevas personas en ambientes que no propicien encuentros sexuales de tipo casual y que no sean originados por la ingestión de bebidas alcohólicas. Éstos pueden ser sitios donde se realicen deportes, actividades recreativas y clases educativas de algún tipo. No te dejes someter por situaciones en donde te verás presionada a tener relaciones sexuales que aún no estás preparada para encarar; por ejemplo, evita ir al departamento de una nueva pareja o llevarlo a tu propio hogar, en caso que no haya nadie más en casa. Una sesión de besos en el sofá puede conducir fácilmente a un interludio sexual completo.

de agresora sexual y de "doncella de hielo". Fiona se siente triste porque sólo ella se ha esforzado por mejorar su vida sexual.

Análisis del sueño de Fiona

Los caballos son símbolos clásicos de los sueños con carga sexual y tienen muchos significados. El sueño de Fiona contiene sentimientos y temas contrastantes. Comienza con una sensación de estar rodeada de una fuerte sexualidad, que representa la indómita pasión por su amante. El sueño cambia cuando ella trata de montar uno de los caballos y termina por resbalarse. Esto simboliza el rechazo de su pareja. Sin embargo, el fracaso aumenta su deseo por probar nuevamente. El número de caballos representa los muchos papeles que ella ha interpretado con el fin de mejorar su vida sexual. El deseo que siente por cabalgar se convierte rápidamente en temor y los caballos que caen al

Ejercicio onírico Inicios sensuales

Alexis empleó este ejercicio (ver la página 47) para generar sueños en los que reía y hablaba con otras personas, divirtiéndose en un ambiente social y sin sumergirse en una actividad sexual.

precipicio representan el fracaso de los intentos por excitar a su hombre. Sus esperanzas caen en el vacío.

El hecho de que ella les grite a los caballos en voz alta demuestra su deseo de comunicarse; no se dará por vencida. El precipicio simboliza el último nivel de su angustia: no se permite "ver" qué les sucede a los caballos. Éste es un mecanismo protector. En su subconsciente sabe que su relación sexual se está haciendo añicos, pero no desea afrontarlo. Retiene su angustia al no enterarse del fin que encuentran los caballos.

Solución del problema

Cuando tu subconsciente "ve" que tu vida sexual está en problemas, es posible que evites, de manera consciente, una confrontación directa con esto. Se suele actuar de manera absurda, situación que sólo confunde más o que empeora el problema. Al interpretar distintos

Ejercicios sensuales

Coloca a tu pareja en el centro del escenario

Si tu amante es una persona reservada, incrementar su confianza en sí mismo puede ayudarle a hablar contigo de manera más abierta. Trata de describirle a tu pareja una fantasía sexual en la que él o ella interprete el papel principal. Esto le hará sentirse valioso y le brindará la oportunidad de ver el potencial erótico que se ha detonado gracias a ti, sólo que incluyendo su participación. Podrías escribir tu fantasía y dejársela a tu amante, a modo de "carta de amor".

Juegos fantasiosos

El siguiente paso para aumentar una sensación de aventura entre ustedes dos es hablar de fantasías que incluyan a otras personas. Por ejemplo, quizá te gustaría incluir una persona famosa en una de tus fantasías (ver la fantasía de Eric con una artista de

papeles sexuales, Fiona ha obtenido una mayor desdicha y ha ocasionado que el problema empeore. Ella no es una actriz nata. Al interpretar distintos papeles durante sus encuentros sexuales, sin explicar nada a su amante, sólo logra que él pierda la paciencia, ya que éste tiene un estilo sexual reservado y convencional; las "actuaciones" de Fiona provocan que él caiga aún más en las rutinas. De esa manera, la frustración de Fiona aumenta.

Fiona ahora está empeñada en mejorar su capacidad comunicativa, de manera que exprese sus necesidades sin amenazar a su pareja, quien

cine, página 179), o a un amante que sea producto de tu fantasía. Sean juguetones; tómense distintos turnos para describir cada uno su propia fantasía. Bríndense seguridad emocional al tener claro que todo esto no es más que un ejercicio fantasioso y que no tiene nada que ver con la vida real.

Interpretar distintos papeles

Puedes ensanchar los límites al actuar una escena fantasiosa. Por ejemplo, quizá puedes interpretar el papel del jefe exigente. Tu amante ha cometido un gran error en su trabajo y le dices que la única manera en que puede reponer su falta es convirtiéndose en tu juguete sexual. Las posibilidades son infinitas. Las interpretaciones escénicas cobran vida cuando interpretas distintas personalidades, asumiendo nombres diversos y usando vestimenta variada para cada personaje.

es un hombre bastante reservado. Su confianza en sí misma ha aumentado; ya es capaz de comprender que la disparidad en los estilos sexuales puede ofrecer resultados placenteros cuando nacen de una actitud abierta y honesta.

Temas relacionados

Montar un caballo

Montar a caballo es una actividad rítmica en la que el jinete experimenta una excitación sexual y en la que llega a ser uno con ese poderoso animal. Esto significa una gran satisfacción en tu actual relación sexual. En un nivel más profundo, representa confianza en tu propia sexualidad: estás feliz de poder aceptar placer cada vez que se te presente.

Ser lanzado por un caballo

Si un caballo te tira durante un sueño, puede representar tus sentimientos subconscientes hacia tu amante. Es posible que no confíes en él o en su grado de compromiso contigo. El acto de ser lanzado de un caballo es un mensaje subconsciente que te está instando a escuchar tus propias dudas.

Un caballo que repara

Esto puede significar un temor subconsciente de que, en realidad, deseas huir de tu relación o que te preocupa enormemente la posibilidad de que tu amante esté a punto de botarte; estos sueños suelen acompañarse de tensión sexual. El subconsciente es capaz de recoger y descifrar las claves sutiles emitidas por tu amante. Se percata de que la relación no funciona mucho antes que tu mente consciente sea capaz de afrontarlo, porque ésta tiende a la esperanza y suprime los temores.

Acariciar un caballo

Cuando se acaricia a un caballo en un sueño, simboliza el placer que te brindan los jugueteos preliminares. Acariciar al caballo significa que deseas una estimulación táctil y un poco de afecto. Puede representar tu necesidad de recibir más caricias afectuosas. Si actualmente no tienes un amante, este sueño podría significar un vacío en tu vida. Acariciar un caballo simboliza acariciarte a ti misma. No debes sentir culpa por brindarte placer mediante la masturbación.

Ser "hociqueado" por un caballo

Derivar placer sexual en un sueño al ser "hociqueado" por un caballo puede indicar que te gusta asumir el papel pasivo al hacer el amor. Esto está bien, siempre y cuando a tu amante le guste llevar la delantera. Trata de asegurarte de que tu amante no se canse de asumir siempre la responsabilidad de brindarte placer.

Aburrido de las técnicas de tu amante

Me encontraba en la casa que comparto con mi amante, Gerry. Todo estaba teñido de un gris opaco que contrastaba con los colores vivos de nuestro hogar, que es luminoso y vivaz. Mientras charlábamos, comencé a echar encima de él una sustancia harinosa. Él quería que yo parara, pero no le hice el menor caso y seguí apilando encima de él la misma sustancia. Era tan abundante que comenzó a caer por el piso, alrededor de sus pies. Me sentí muy frustrada, me di la vuelta y me dirigí a la puerta trasera. El jardín se veía hermoso y llamé a Gerry para que viniera a compartir la escena conmigo. Salimos juntos hacia el jardín y nuevamente comencé a echar la misma sustancia sobre él. En esta ocasión, era más semejante a la tierra que a la harina. Luego, ante mi asombro, Gerry comenzó a sumergirse y desaparecer. Me sentía enojada pero él respondió: "Bueno, ¡tú intentas enterrarme!" Era como si al sumergirse, él intentara escapar de mí.

Trasfondo e interpretación

Este sueño fue descrito por Francesca, quien hace poco había invertido en una casa que compró con su pareja, Gerry. Después de dos años de vivir juntos, ambos consideraban que su relación era de larga duración, aunque nunca habían hablado de matrimonio. Gerry sintió que Francesca se resistía al matrimonio, pues era un espíritu libre, y él nunca había insistido en un mayor compromiso a pesar de que le hubiera gustado que su relación tomara un camino más tradicional. Gerry sospechaba que la reticencia al matrimonio mostrada por Francesca quizá se debía a sus continuas discusiones. Éstas sucedían generalmente después de hacer el amor. No lograba comprenderlo, pues parecía que ella gozaba de su vida sexual. Sin embargo, Francesca estaba aburrida de Gerry como amante. Amaba todas sus demás cualidades y esperaba que fuera más creativo con el tiempo. Recientemente, Francesca había comenzado a fingir orgasmos simplemente para dar por terminado el encuentro sexual. Esto era algo que jamás había hecho. Pensaba que Gerry se sentiría profundamente herido si supiera la verdad y ella no deseaba afrontar esa posibilidad. En ocasiones, ella invocaba su espíritu de libertad para evitar cualquier conflicto.

Análisis del sueño de Francesca

El tono gris opaco que cubría su hogar, tan distinto de la realidad, es un claro símbolo de los sentimientos que Francesca guarda respecto a su vida sexual: se ve ensombrecida por una sensación deprimente y monótona. Este velo gris destaca aún más por la sustancia harinosa que lanza sobre Gerry: la harina es monótona y opaca. Francesca literalmente entierra su carencia de placer que no puede afrontar en la vida real. La imagen de la harina cayendo alrededor de sus pies muestra el punto de vista que ella tiene respecto a la sexualidad de su amante: está a sus pies y no está siendo usada. El hecho de que Francesca dé la vuelta y se encamine hacia la puerta trasera, simboliza que ella le da la espalda a la frustración que siente respecto a su aburrida vida sexual.

El subconsciente de Francesca trata de propiciar una vigorosa fuente de gozo al hacer que el jardín se convierta en una invitación al placer. El fértil jardín es un símbolo de su deseo de que un hombre viril satisfaga sus necesidades. Su emoción subconsciente más fuerte aflora cuando Gerry se hunde en el suelo. Francesca interpreta esto

Ejercicios sensuales

Honestidad en lo sexual

Cuando las personas aman profundamente a su amante, muchas veces suponen que ser honesto causará más daño que fingir. Y se convencen a sí mismos de que, por obra de algún milagro, su vida sexual mejorará de pronto. Con el tiempo, es posible que acepten que este método no funciona y quieran resolver el problema, pero no son capaces de afrontar el pasado y reconocer las mentiras o las medias verdades esgrimidas respecto a su satisfacción sexual. Lo que sí pueden hacer es escoger un punto de partida para su nueva honestidad. Pueden darle a entender a su amante que es *ahora* cuando se les dificulta experimentar deseo sexual o llegar al orgasmo y que éste es un problema nuevo. Esto evita que deban afrontar las consecuencias de haber fingido un orgasmo en el pasado o de haber fingido satisfacción de otras maneras. Es preferible decir que las cosas "no están funcionando del todo bien" o que te sientes "menos relajada" o simplemente que te gustaría "probar nuevas técnicas".

Comunicación sexual

En una relación que funciona bien, siempre existe la posibilidad de que los deseos y/o las necesidades de las personas cambien. Lo que quizá te haya excitado en el pasado, no necesariamente te provoca placer ahora. Nuestra sexualidad es fluida, no estática. Cada aspecto de la vida afecta tus sentimientos, tu energía, tus deseos y necesidades, y es posible que se generen brechas entre dos amantes que antes eran muy unidos. Tales distanciamientos pueden y deben ser anulados. La manera más positiva de manejar cualquier cambio es hablar claramente con tu pareja en el momento en que este cambio ocurra.

Enterar a tu pareja de que tus necesidades han cambiado refleja la profundidad de tu relación. Siempre y cuando logren comunicarse de manera positiva y amorosa, la calidad de la relación que mantienes con tu amante mejorará notablemente.

Una de las maneras más sencillas de comunicarle a tu amante dichas diferencias es describir, de manera sensual, tus necesidades o deseos. Por ejemplo, tal vez una posición sexual que antes te parecía cómoda y que ambos solían disfrutar haya perdido su atractivo. Mientras tú y tu amante se acarician durante los jugueteos preliminares, describe cualquier posición nueva o cualquier actividad sexual que desees poner en práctica. Déjale saber que te han gustado mucho las viejas posiciones o actividades favoritas, pero que quizá la nueva estimulará tu clítoris, por ejemplo, de manera óptima. O "permite que tus dedos hablen" y guía a tu amante hacia una nueva posición, una nueva velocidad o un nuevo sitio que te gustaría que él acariciara.

Clases particulares de sensualidad

En ocasiones, uno de los dos amantes es más hábil que el otro. Esto quizá se deba a que uno de ustedes ha tenido mayor experiencia o a una diferencia de edades, o simplemente a que uno de los dos tiene más confianza en su sexualidad. Si sientes que tienes la suficiente confianza como para guiar a tu amante en los caminos de la experimentación sexual, entonces es importante asumir un papel activo en su vida sexual. No debes ignorar las necesidades de un compañero menos experimentado y tratarlo con arrogante condescendencia. ¡Las enseñanzas sexuales deben ser divertidas! Están encaminadas a hacer aflorar sus mejores cualidades.

Como maestro en sensualidad, debes estar siempre dispuesto a llevar las prácticas sexuales un paso más adelante. Quizá te

como si Gerry se estuviera escondiendo de ella o estuviera evitando tales posibilidades terrenales y fértiles. Esta imagen quizá también simbolice la manera en que él hace el amor; simplemente se hunde en ella de una manera poco satisfactoria, provocando su enojo. Cuando Gerry dice: "intentas enterrarme", es su subconsciente el que reconoce que quizá Gerry también tenga sus propios sentimientos respecto a su relación sexual. Así que existe cierto sentimiento de culpabilidad representado en su sueño: ella reconoce que si no es honesta con Gerry, entonces estará enterrando su posibilidad de mejorar las cosas.

Solución del problema

Francesca debe ser honesta en el aspecto sexual de su relación, si desea que ésta sobreviva. Viven juntos en una casa que les pertenece a los dos y han reconocido que la suya es una relación en la que ambos han

gustaría comenzar con las técnicas básicas del masaje. Tal vez a ambos les gustaría gozar de una sesión de masaje dentro de un cuarto cálido y tranquilo. Posiblemente tú ya seas un experto en lograr que las caricias del masaje se conviertan en jugueteos que conduzcan al coito. Podrías desarrollar esto aún más al introducir una nueva técnica sensual: aplicar masaje con una pluma. Con una pluma delicada en mano, rocía aceite para masaje sobre el cuerpo de tu amante y úsalas para acariciar dulcemente sus zonas erógenas.

asumido un fuerte compromiso. Francesca sabe que algo debe cambiar y acepta que su sueño simboliza, en un nivel, la pérdida de la posibilidad de mejorar su vida sexual.

Cómo combinar el sexo y el amor

Estaba sentado en mi oficina, revisando una pila de documentos. Algunos de mis colegas se acercaron y dijeron que era hora del almuerzo. Expliqué que tenía que trabajar. Mi secretaria dijo: "¡Oh, Raj, sólo trabajas y nunca te diviertes!", al tiempo que sacaba unos hot-dogs, unas hamburguesas y unas papas fritas. Yo protesté, diciendo: "¿No te das cuenta de todo lo que debo hacer?" Estaba casi llorando, lo cual es extraño porque nunca mantengo una relación personal con otras

Temas relacionados

La sensación placentera de estar enterrado

Si experimentas este tipo de imágenes oníricas, esto sugiere que gozarías más de las relaciones sexuales si tu amante tomara la iniciativa. Tales imágenes indican una terrenalidad en tus deseos sexuales, que serían satisfechas por técnicas amorosas verdaderamente apasionadas.

personas en mi trabajo. De pronto, descubrí que alguien había colocado un hot-dog en mi mano y un colega le vertía salsa de tomate, contenida en una de esas botellas de plástico. Estaba fuera de mí. Dije: "¡Espera, deja que yo lo haga!", y tomé la botella en mis manos. Por más que apreté la botella, nada parecía salir de ella. Nuevamente sentí ganas de llorar. Dejé caer el hot-dog y les rogué a mis colegas que me permitieran seguir adelante con mis labores.

Trasfondo e interpretación

Raj y Ali habían estado casados durante dieciocho meses y tenían dificultades serias en su relación sexual. Ambos estaban muy comprometidos con su matrimonio y se amaban profundamente. Antes de conocerse, Raj había visitado salones de masaje para poder relajarse. Aparte de eso, sólo había tenido una amante y la relación con ella no había sido buena. Ali había tenido unos cuantos romances en la univer-

La sensación angustiosa de estar enterrado

Esta imagen onírica indica que te sientes abrumado, ya sea por las exigencias sexuales de tu amante o por tus propios deseos que has descuidado. Literalmente, sientes que no puedes moverte y que lo que sucede en tu relación sexual te provoca una sensación de ahogo.

sidad y había gozado de las relaciones sexuales que había tenido. La relación sexual con Raj había resultado una gran desilusión para ella. Durante las primeras semanas de matrimonio, él había eyaculado prematuramente y, después de eso, no había podido siquiera eyacular. En un principio, Ali había supuesto que esto era ocasionado por la culpabilidad que la eyaculación precoz había provocado en Raj. Ahora se sentía perdida y no podía comprender la causa del problema.

Cada vez resultaba más difícil para ambos hablar del tema. Raj tenía miedo de ir a la cama de noche. Ali se le acercaba. Él sabía que estaba bloqueado emocionalmente. No podía reconciliar la alta estima en que tenía a su esposa, el amor puro que sentía por ella con el sexo furtivo, "sucio", que había gozado en los salones de masaje durante la adolescencia tardía y a sus veintintantos años. Raj sentía que su eyaculación podría "ensuciar" a Ali y a su relación amorosa. Y después de la emoción inicial de estar juntos en la cama inmediatamente después de la boda, él simplemente no podía eyacular. Raj sabía que estos conceptos un tanto anticuados sorprenderían a muchos y sintió que Ali no comprendería los sentimientos conflictivos que tenía respecto al amor y el sexo.

Análisis del sueño de Raj

Durante mucho tiempo, Raj no vinculó este sueño tan extraño con su relación sexual debido a que se desarrollaba en su lugar de trabajo. Normalmente, él se siente muy cómodo en su oficina y su eficiencia en el trabajo implica que jamás acumularía pilas de documentos por revisar. Su subconsciente prefirió el lugar de trabajo por dos razones. En primer lugar, es un mecanismo protector; si el sueño se hubiera desarrollado en la recámara, quizás hubiera sido demasiado difícil para Raj enfrentar las revelaciones oníricas. En segundo lugar, es una advertencia de que los problemas que padece en casa podrían influir en otras áreas de su vida.

Cuando los colegas llegan a su lado sugiriéndole que es hora de comer, Raj habla inmediatamente de su enorme carga de trabajo: está intentando darle sentido al hecho de que evita hacer el amor con Ali. En el sueño, rechaza el placer de compartir el almuerzo. La respuesta de su secretaria, de que "él sólo trabaja y no sabe divertirse", es simbólico de lo que, según piensa Raj, son los sentimientos de Ali respecto a él: que no sabe divertirse en la cama. Nuevamente, el mensaje ha sido entregado de manera sutil.

La selección de manjares ha sido dispuesta y Raj casi se pone a llorar por el "trabajo por hacer". Éste es un mensaje que indica que debe enfrentar el trabajo por realizar —pero en casa, con su esposa y no en la oficina, con sus colegas. Raj recibe un hot-dog (un claro símbolo de la erección masculina). Cuando uno de sus colegas sostiene la botella, la salsa de tomate fluye libremente, pero cuando Raj toma la botella entre sus manos no logra que salga siquiera una gota. Esto simboliza su incapacidad de eyacular y le provoca gran angustia. Raj solicita la comprensión de sus colegas, reflejando su deseo oculto de compartir sus preocupaciones y sus sentimientos con Ali. El grado de infelicidad de Raj queda claro gracias a su deseo de llorar.

Solución del problema

Raj se da cuenta de que se arriesga al fracaso de su matrimonio si no enfrenta a Ali con sus sentimientos y actitudes más profundas respecto al sexo, todo lo cual tiene, por supuesto, un impacto directo en el placer sexual de ambos. Al meditar acerca del sueño, Raj tuvo mayor conciencia de que su ser interior estaba sufriendo porque él ocultaba algo a su esposa: la idea de que su eyaculación de alguna manera "ensuciaría" y "opacaría" su amor. De hecho, su amor estaba perdiendo brillo justamente por su falta de honestidad. La respuesta física al hacer el amor está influida directamente por las emociones y actitudes personales. Esconder los sentimientos puede conducir a la desdicha o a experiencias sexuales negativas.

Excitado por el dominio sexual

Me hallaba en la taberna a la que acudía cuando era una adolescente. Estaba muy oscuro y sólo había unas cuantas personas en el lugar. El dueño del bar tenía aspecto vulgar y yo quería alejarme de él. Dije que "me encargaría de los barriles de cerveza". Éstos se encontraban en un sótano completamente vacío y, sin embargo, era

Ejercicios sensuales

Asociaciones

Si tus actitudes sexuales disminuyen tu placer erótico, es importante aprender a asociar el amor con el sexo. Siéntate a hablar con tu pareja y, juntos, hagan una lista general de todos los elementos positivos de su relación. Una lista de este tipo puede incluir aspectos como: confianza, intimidad emocional, satisfacción de las necesidades del otro y posibilidad de compartir los problemas. Ahora anoten todos los aspectos negativos de su relación, tales como: retener el afecto o la atención, mantener secretos y mostrarse crítico con su pareja. A continuación, examínenla juntos y comenten las anotaciones de la lista de los aspectos positivos de la relación para ver cómo se relacionan con su comportamiento emocional y sexual como pareja. Cuando realicen este ejercicio, pronto se hará evidente que compartir la intimidad y satisfacer las necesidades del otro proporciona un vínculo positivo entre los aspectos sexuales y emocionales de la relación.

Visualizar imágenes positivas de intimidad sexual

Visualiza una imagen amorosa que no te haga sentir amenazado. Por ejemplo, que los dos se besan inocentemente. Ahora describe la escena a tu pareja. A continuación, visualiza a ambos besándose apasionadamente y también describe la escena a tu amante. Continúa visualizando y describiendo progresivamente más escenas íntimas hasta que llegues a una imagen en que estén haciendo el amor.

Si antes de eso llegaran a encontrar una imagen que produzca incomodidad a cualquiera de los dos, detengan el ejercicio por el momento. Esto significa que han llegado a un punto crítico que debe ser trabajado. Por ejemplo, si te sientes incómodo cuando tu pareja describe una imagen en la que ambos se prodigan caricias íntimas, no sigas adelante. Sólo continúa con el ejercicio cuando tu angustia sobre este punto haya disminuido.

Explorar tus sentimientos

Incrementar la confianza es imperativo para aprender a explorar juntos sus mutuos sentimientos. Una manera de iniciar este proceso es tratar de encontrar una "empatía sensual". Pídele a tu amante que describa uno de sus sentimientos o actitudes sexuales. Ahora, ponte en su lugar y describe qué es lo que piensas que él o ella quiera decir. Tu amante deberá decirte lo acertado que fuiste. Por ejemplo, Ali podría describirle a Raj lo que él quiso decir sobre sus distintas actitudes respecto al sexo, de acuerdo con los sentimientos que albergue por su amante. Tómense todo el tiempo que sea necesario y escuchen con mucha atención lo que cada uno tenga que decir.

Ejercicio onírico Clímax erótico

Raj puso en práctica algunas de las sugerencias de este ejercicio (ver la página 50) para darle forma a sueños en los que su eyaculación era más potente y placentera.

Temas relacionados

El flujo constante o infinito de una botella

La imagen onírica de un líquido que fluye abundantemente simboliza la libertad que sientes de expresarte en una relación.

Incapacidad de abrir una botella

La incapacidad de abrir una botella simboliza la frustración sexual. Mientras más batalles, mayor será la frustración, ya sea con tu amante o con tu propia capacidad sexual.

un sitio cálido y agradable. Sentí que debía cambiar los barriles de lugar y comencé a rodarlos por el piso. Se deslizaban con facilidad. Algunos comenzaron a gotear y me vi obligada a apretar sus ataduras y sellos. Estaba realizando un enorme esfuerzo por sujetar las ataduras cuando, de pronto, me sentí excitada sexualmente. Comencé a masturbarme, acariciando mi cuerpo y observando el trabajo realizado. Era muy extraño: estaba trepada sobre un barril, a solas en ese sótano tranquilo, gozando del placer sexual.

Trasfondo e interpretación

Carrie había estado saliendo con Jason, hacía unos cuantos meses. No estaba segura de cuánto tiempo duraría la relación, ya que tenían algu-

Recibir un festín

Poder escoger alimentos entre toda clase de "platillos delicio-sos" que han sido colocados ante ti en el sueño, simboliza la alegría que sientes dentro de tu relación sexual y respecto a asuntos sexuales en general.

Si por el momento no tienes amante, una imagen semejante indica que desearías satisfacer ese deseo: anhelas fervientemente probar un poco de todo lo que ha sido dispuesto en ese rico festín de delicias sexuales.

nos problemas. Entre ellos estaba su apetito por técnicas de sumisión y la falta de experiencia de Jason en esta área. Carrie definitivamente tomaba la iniciativa en sus encuentros sexuales y en ocasiones él se sentía feliz de acatar sus deseos, ya que estaba ansioso por complacer-la. Sin embargo, en otros momentos, a Jason le irritaba sobremanera tener que interpretar siempre el mismo papel sumiso y se quejaba de no gozar de relaciones sexuales "normales", como él las llamaba.

Jason se sentía sumamente atraído por la naturaleza creativa de Carrie y su fuerte personalidad, de manera que sus emociones sufrían un vaivén constante. A Carrie le resultaba difícil llegar al orgasmo si no realizaba actos de dominio sexual. En esta situación, era complicado que llegaran a un acuerdo. Ella había conocido las técnicas de sumi-sión sexual desde su primera relación, que había sido con un hombre ligeramente mayor. Era una relación intensa y la había marcado con la sensación de que el sexo estaba ligado, inextricablemente, al dominio y la sumisión.

Análisis del sueño de Carrie

El sueño sorprendió a Carrie. Ubicada en la taberna de su adolescencia, el sueño revela lo arraigados que son sus sentimientos sobre necesidades sexuales. Sugiere que la manera en que se desarrollaron sus preferencias sexuales es un asunto clave. La taberna es oscura y tranquila, simbolizando el sentimiento de aislamiento que Carrie siente gracias a sus deseos sexuales. Sabe bien que Jason realmente no comparte estas preferencias.

El tabernero vulgar que le procura un sentimiento de incomodidad, representa al hombre que la inició en el sexo. Carrie guarda muchos recuerdos infelices de su relación con este hombre que, según piensa, se aprovechó de ella. Bajar al sótano "para encargarse de los barriles de cerveza" indica su necesidad de alejarse del poder que ejerce el tabernero de hacerla sentirse incómoda. Carrie encuentra consuelo y calor en el sótano y se entrega a la tarea de asumir control sobre los barriles al rodarlos por el suelo. Este acto satisface su necesidad de dominar la situación o su entorno. Los barriles se desplazan fácilmente, simbolizando lo maleable que es Jason. A continuación, se siente obligada a encargarse de las fugas en los barriles. Al esforzarse por apretar las ataduras y los sellos, experimenta placer y se masturba. Esto revela su necesidad de asumir el control y de dominar para obtener placer sexual. La imagen final del sueño, de estar a solas en el sótano observando su trabajo, significa la sensación de aislamiento que le provoca su particular manera de encontrar la liberación sexual.

Solución del problema

Carrie necesitaba comprender a fondo cómo sus preferencias sexuales estaban dominando su relación con Jason. Su sueño claramente indica que necesita reconciliar sus sentimientos del pasado con los actuales. Ella necesita controlar sus impulsos de dominio si su relación con Jason ha de volverse algo más placentero, menos tenso.

¿Qué tan dominante eres en términos sexuales?

Si alguna vez te has preguntado si la necesidad de controlar sexualmente puede estar dominando tu comportamiento sexual, considera las siguientes cinco preguntas. Cada una tiene tres respuestas opcionales. Anota tres puntos para cada respuesta a, dos puntos para cada respuesta b, y un punto para cada respuesta c.

1. ¿Te sientes obligado, por la razón que sea (por ejemplo, un estado de angustia o de entusiasmo), a realizar insinuaciones sexuales muy al inicio de la relación?

a) Sí, casi siempre soy yo quien realiza las insinuaciones sexuales.

b) Yo hago mi parte en iniciar una relación sexual.

c) No, soy incapaz de tomar iniciativas sexuales.

2. ¿Alguna vez ha habido discordias en tu relación porque tu amante sintió que eras demasiado dominante durante el encuentro sexual?

a) Sí, he tenido problemas a causa de mis exigencias y expectativas de las prácticas sexuales.

b) He experimentado ciertos conflictos o desacuerdos acerca de lo que me gustaría que hiciera mi amante.

c) No, no he experimentado este tipo de problemas.

3. ¿Te sientes excitado sexualmente tras una discusión o una emoción difícil?

a) Sí, definitivamente me excita la pasión dentro de una relación.

b) Algunas veces me siento excitado sexualmente después de una discusión.

c) No, no me excitan las emociones negativas.

4. ¿Sólo experimentas plena satisfacción cuando practicas actividades sexuales de sumisión y dominio o cuando estás al mando sexualmente?

a) Sí, me gusta estar al mando.

b) En ocasiones eso es excitante.

c) No, mi goce sexual no depende de dichas prácticas.

5. ¿Durante el acto sexual, te preocupan sólo tus propios sentimientos?

a) Sí, estoy muy consciente de mis propios sentimientos y ni siquiera se me ocurre qué pudiera estar sintiendo mi pareja.

b) Cuando hacemos el amor tengo mayor conciencia de mis propios sentimientos que de los de mi amante.

c) No, realmente quiero estar en contacto con los sentimientos de mi amante.

Es importante comprender que el dominio sexual no sólo tiene que ver con prácticas de sumisión y dominio. Puedes ser sexualmente dominante simplemente por la frecuencia con que exiges tener relaciones sexuales, por tu comportamiento durante el acto sexual o por la manera en que tratas a tu amante.

Puntuación de 11 a 15 puntos:
Un alto nivel de dominio sexual

Lo más probable es que en algún momento de tu vida te topes con oposición o llegues a ser infeliz debido a tu actitud dominante en cuestiones sexuales. Esto es apropiado si tu amante también goza de los efectos de tu dominio sexual, pero es posible que no sea así. Quizá simplemente acepta lo que tú deseas y es incapaz de expresar sus verdaderos sentimientos. Pregúntale qué piensa de la vida sexual que comparten. Asegúrale que deseas que sea honesto en su respuesta. Prueba los ejercicios sexuales que han sido descritos arriba para enriquecer tu relación sexual.

Puntuación de 6 a 10 puntos:
Un nivel moderado de dominio sexual

Tu método de iniciar o guiar tus relaciones sexuales es balanceado. Quizá desees experimentar con ambos papeles, el dominante y el sumiso, con el fin de aumentar tu placer sexual. Sin embargo, un deseo de esta naturaleza a ti no te controla. Simplemente, estás abierto a la idea de experimentar.

Puntuación de 1 a 5:
Carencia de dominio sexual

No eres dominante sexualmente. De hecho, tiendes a ser sexualmente sumiso. No permitas que tu amante te domine sexualmente si no es eso lo que deseas. Resulta fácil aceptar ciertas cosas con tal de complacer a un amante, pero debes asegurarte de que tus necesidades sexuales también sean satisfechas. Habla con tu pareja acerca de tus deseos y necesidades.

Ejercicios sensuales

Invertir los papeles

Si el placer sexual depende siempre de interpretar el mismo papel, experimenta con otros. Si tú o tu amante se sienten excitados por el dominio o la sumisión, intenten invertir los papeles para aumentar su repertorio sexual. Aun cuando esto se convierta en un simple ejercicio de empatía sexual, resulta positivo probarlo. Sería de gran ayuda que uno de ustedes se opusiera a ser presionado a participar en una actividad sexual.

Negarle el sexo a alguien como una forma de castigo

Me encontraba en nuestra cocina y todo estaba fuera de lugar. Comencé a guardar las cosas. Parecía una tarea interminable y comencé a enojarme. Entonces Elaine entró y tiró su ropa sobre el piso. Le pregunté por qué estaba creando tal desorden. Elaine simplemente se reía y caminaba totalmente desnuda. Luego ella se inclinó y yo podía verle el trasero. Yo no quería que ella supiera que estaba mirando su trasero. Encontré unos pastelillos delicados, como los que se encuentran en la pastelería francesa. Tenían pequeños copetes en espiral hechos de betún, flores y pequeñas figuras de azúcar. Estaba decidido a ponerlos a buen resguardo de todos, incluyendo Elaine; pasó por mi cabeza que ella podría devorarlos. Los guardé en conte-

Llegar a un acuerdo en los juegos sexuales

Si tú o tu amante se niegan a realizar una práctica sexual en particular, entonces alienten la creación de acuerdos sensuales. Consideren los placeres que podrían probar y que no significarían una amenaza para uno y un placer para el otro. Por ejemplo, Carrie y Jason podrían llegar al acuerdo de no usar herramientas de dominio sexual. Simplemente, podrían hablar fantasiosamente acerca de la sumisión y el dominio sexual.

nedores de alto vacío, pero no me sentía enteramente feliz con el trabajo realizado. Desperté preocupado por los pastelillos.

Trasfondo e interpretación

Alan y Elaine han estado casados durante ocho años. Alan siempre se ha valido del sexo como herramienta emocional para castigar a Elaine cuando está dolido o enojado. Esto solía conducirlos a discusiones prolongadas y muchas mujeres lo habrían abandonado o hubieran quedado destruidas a causa de sus métodos negativos. Sin embargo, Elaine ha encontrado ahora una manera de lidiar con su comportamiento negativo de manera que ya no le hiera: simplemente lo ignora. Si él decide estar de mal humor y darle la espalda cuando ella está de buen humor y deseosa de hacer el amor, ella opta por leer o ver la televisión.

Es una situación poco afortunada, pero algunos dirían que, por lo menos, el resultado es que han dejado de discutir. Desafortunadamente, cuando cesan las discusiones y se establece una tregua, toda comunicación entre una pareja puede cesar. Además, si vas a la cama cargado de un humor negativo, descubrirás que te resulta difícil conciliar el sueño o, si acaso lo logras, tendrás pesadillas y pasarás una mala noche.

Análisis del sueño de Alan

Alan se sintió incómodo cuando despertó de su sueño. Se llevó a cabo en la cocina —el corazón de su hogar— lo cual revela qué importante es este sueño para sus sentimientos. Encontrar "todas las cosas fuera de su lugar" simboliza un estado de ansiedad, que muchas veces es la raíz de los sueños eróticos velados. Alan desea desesperadamente que los utensilios de cocina estén en orden. Cuando Elaine entra a la cocina y súbitamente suelta su ropa sobre el piso, ella está subvirtiendo este anhelo tan intenso de Alan.

Su acción lo enfurece por dos razones. En primer lugar, parecería que está intentando hacerle enojar a propósito, lo cual sugiere que, en el subconsciente, Alan piensa que Elaine intenta vengarse de él, posiblemente por la manera en que le niega una relación sexual. En segundo lugar, simboliza la manera natural en que ella se relaciona con la sexualidad. Es abierta y justa y no le niega un contacto sexual cuando está enojada o triste. Para ella, el sexo es simplemente eso: sexo, tan directo como la imagen onírica de Elaine soltando su ropa sobre el piso.

Alan intenta asomarse y ver su trasero desnudo, simbolizando la parte furtiva de su naturaleza, que niega el contacto sexual cuando se siente molesto. También, al ocultar que está mirando su trasero, él revela algunos sentimientos de envidia respecto a Elaine —posiblemente la manera abierta en que ella se relaciona con otras personas. Al descubrir los pastelillos, Alan revela cuánto le preocupan los detalles y las cosas femeninas. Quiere encerrarlas. No quiere comer los pastelillos ni quiere que Elaine los vea. Mejor los empaca dentro de contenedores al alto vacío, demostrando cuánto le preocupa mantener todo bajo control: los placeres sensuales están allí para ser retenidos y para que nadie pueda gozar de ellos. El mensaje final que envía su subconsciente —la preocupación por los pastelillos— es que a él debería preocuparle la manera en que trata a Elaine. Es una advertencia velada, tal y como suelen ser los mensajes del subconsciente.

Solución del problema

El sueño de Alan es un llamado de alerta que atrae su atención hacia las emociones negativas que experimenta y le conducen a retirarle los placeres sexuales a Elaine, así como al impacto negativo que estas acciones ejercen sobre la relación. Alan está poniendo en serio riesgo su relación con Elaine al continuar negándole el contacto sexual como una forma de castigo. Una vez que un área de una relación se vuelve tierra de nadie en lo que concierne a la comunicación (en el caso de ambos, su vida sexual), entonces otra área seguirá su ejemplo en poco tiempo, y luego otra, hasta que ya no quede nada importante por comunicarse. Además, con su natural disposición positiva y en caso de que su frustración sexual aumentara, Elaine podría descubrir que la atención de otros hombres le resulta tentadora.

Ejercicios sensuales

Si reconoces que le niegas el contacto sexual a tu amante a causa de ciertos sentimientos negativos que él te genera, intenta algunos o todos los ejercicios descritos a continuación.

Enfoque sensual

Si tiendes a usar el sexo como castigo (es decir, no compartir tu sexualidad), necesitas aprender a centrar tu atención en el sexo como fuente de placeres sensuales. Debes aprender a distanciar el comportamiento íntimo que mantienes con tu amante de cualquier otro sentimiento que no guarde relación con el sexo.

En primer lugar, goza plenamente del momento posterior al acto sexual y no permitas que pensamientos relativos a otros temas, problemas o preocupaciones, ocupen tu mente. De ser así, deténlos de inmediato y recuerda las imágenes y las sensaciones sexuales que acabas de experimentar. En segundo lugar, cuando te sientas herido o molesto, limpia tu mente de cualquier comportamiento o tendencia punitiva. Borra cualquier pensamiento como éste: "Ya verá. ¡Me las pagará! No voy a permitir que me toque esta noche." Mejor, piensa: "Debo hablar acerca de esto. Es posible que sienta molestia, pero no puedo permitir que esto contamine nuestra relación sexual."

Tender la mano

Cuando te sientas molesto o herido, aprende a tenderle la mano a tu amante en vez de alejarla de ti. Quizá no quieras hacer el amor porque tienes miedo de exponerte al ridículo. Aprende a confiar en la respuesta de tu amante, en vez de suponer que se alejará, que es lo que has hecho en el pasado. Prueba la respuesta contraria.

Alan comenzó por dar pasos pequeños. Primero, le habló a Elaine acerca de la furia que guardaba en su interior; luego, trató de tocar su mano y más tarde intentó abrazarla en vez de darle la espalda.

Crear imágenes positivas

Escoge una imagen en la que tú y tu amante estén haciendo el amor. Conserva esta imagen en tu mente para que te sirva como recordatorio cada vez que te sientas molesto o enojado.

Sueño-ejercicio Tu ser sensual

Alan usó este ejercicio (ver la página 45) para crear imágenes oníricas en las que podía gozar de la actitud abierta de Elaine y de su calor humano. A la hora de dormir, visualizó un sueño sexual que trataba puramente del goce sexual, sin distracciones de ningún tipo. Al centrar su atención en imágenes de naturaleza positiva, Alan comenzó a experimentar sentimientos benéficos en todas las áreas de su relación.

Temas relacionados

Descubrir que estás desnudo

Si esta imagen se acompaña de un sentimiento de angustia o de temor, entonces significa que te sientes expuesto a algún peligro en tu relación sexual, en tus actitudes sexuales, en tu práctica sexual o en la orientación de tu sexualidad. Si te sientes libre y feliz durante un sueño semejante, esto refleja que tienes confianza en tu sexualidad.

Observar a otros haciendo el amor o que otros observen tu actividad sexual

Ver la página 98 para leer el análisis correspondiente.

Sexo en la recámara

Los sueños sexuales que se desarrollan en tu recámara generalmente están relacionados exclusivamente con tu vida sexual. El hecho de que el sueño de Alan suceda en la cocina indica que el sueño estaba enfocado principalmente a él y su relación con Elaine, en vez de referirse simplemente a su relación sexual. Analiza las imágenes de algún sueño que suceda en tu recámara para que puedas descubrir cuáles son tus verdaderos sentimientos sexuales.

Sexo en el baño

Los sueños que suceden en el baño generalmente representan el deseo de cambiar. La presencia de agua que fluye o el hecho de meterse en una tina llena de agua o bajo la regadera, puede simbolizar la aparición de tu nuevo ser sexual o la necesidad de cambiar algo en tu actual relación amorosa.

Sexo en edificios exteriores

Los sueños sexuales que se desarrollan en edificios que están *afuera* del hogar son distintos en significado a los sueños que se desarrollan simplemente *afuera*, a la intemperie. Por lo general, simbolizan algún tipo de vergüenza: la actividad sexual sale del hogar pero está todavía contenida dentro de otra construcción (casi siempre no identificable). Un sueño de esta naturaleza refleja el deseo de distanciarte de tus sentimientos reales o, alternativamente, arroja luz sobre tu temor de enfrentar tus verdaderos deseos.

Asqueado por el sexo

Me encontraba afuera, en una zona cubierta de césped, semejante a un parque. Todo parecía estar sucio, pero no de la manera que se esperaría. Por todas partes veía cosas que estaban cubiertas de limo terroso, parecido al lodo. Llamé a mi novio, James, en voz alta, pero no recibí respuesta. Quería salir del parque y, al caminar hacia las rejas, vi a una pareja joven parcialmente desnuda que se besaba y acariciaba sensualmente. No pude evitar mirar fijamente la escena, a pesar de que sabía que no debía hacerlo. Cuando ellos voltearon a verme, les dije que debían "limpiar este desorden". Era como si yo no quisiera que se percataran de mi vergüenza por mirarles y, en vez de esto, me enojé con ellos. Se encaminaron hacia mí y me dijeron que no habían ocasionado ese desorden, así que yo podía limpiarlo si se me daba la gana. Esto me enfureció aún más. Pensé: "¿Por qué debo yo limpiar su asqueroso desorden?" Ya para ese momento, toda la suciedad parecía haberse centrado en el sitio que ellos ocupaban. Comencé a gritarles que no debían haberse estado tocando en un lugar público. Corrí y despegué como pájaro. Volaba tan rápido como me era posible. Sentí que esto me salvaría del asqueroso estado en que se encontraba el parque.

Trasfondo e interpretación

Mary había estado saliendo con James durante un año. Nunca había mantenido expectativas de gozar de una placentera vida sexual debido a la actitud negativa que sus padres le habían inculcado respecto al sexo. En su hogar, sexo era una palabra mala y sucia. Mary era hija única y de pequeña había anhelado tener hermanos. Su madre le dijo que no había la menor posibilidad de que eso sucediera y el tema quedó cerrado para siempre. Como adulta, Mary comprendió que la relación entre sus padres no "había bajado del cielo" y que sus recámaras separadas simbolizaban sus verdaderos sentimientos.

Mary siempre había sentido que esperaría la llegada del hombre adecuado para iniciarse sexualmente. El hombre con el que había salido antes de conocer a James fue el elegido. Sin embargo, aquel hombre dio por terminada la relación a causa de las actitudes negativas que ella mostró respecto a algo que a él le parecía perfectamente natural: una vida sexual activa. James había "heredado" este legado emocional negativo. Mary no tenía la menor experiencia y no le entusiasmaba la idea de mantener relaciones sexuales. Sin embargo, James se sentía atraído por sus demás cualidades. Se mostraba sumamente paciente con Mary y, muy en el fondo, Mary sabía que debía sujetarse a él si su intención era tener una vida normal. Desafortunadamente, ella no podía evitar sentir repulsión después de haber hecho el amor.

Análisis del sueño de Mary

El sitio en el que transcurre el sueño de Mary simboliza el significado terrenal y sensual que oculta. Ella se siente asqueada por esta imagen, lo mismo que por el sexo. Llamar a James en voz alta y que él no responda a su llamado, es un mensaje de su subconsciente que indica que sólo ella siente ese asco. James no comparte su parecer. Mary quiere salir del parque, pero su subconsciente la detiene, forzándola, literalmente, a que vea la actividad sexual de la joven pareja. Su manera de observarlos fijamente a sabiendas de que no debería hacerlo, indica su fascinación subconsciente respecto a las actividades amorosas de otras

Ejercicios sensuales

Bondad sensual

Si sientes que el sexo es algo sucio, asqueroso o que sólo lo practican personas "malas", prueba esta técnica. Trata de recordar cualquier imagen sexual positiva, ya sea de tu propia experiencia o de una escena en un libro o en una película; por ejemplo, la escena de una película romántica en la que el héroe y la heroína se abrazan apasionadamente. Practica asociar esta imagen positiva y placentera con tus propios sentimientos. Recuerda que el sexo puede ser como esta imagen: positiva, sana y buena.

Descarta los mensajes que indican que el sexo es "sucio"

Piensa en la voz negativa que se expresa en tu interior cuando enfrentes algún conflicto de tipo sexual. Dice: "Tú no deberías gozar esto". En tu mente, escribe estas palabras sobre un papel. Luego, mentalmente, reduce el papel a una bola compacta y tírala en el cesto de basura.

personas. Mary simplemente no puede admitir que el sexo es una experiencia placentera. También simboliza su deseo subconsciente de ser como los demás. Se sobrentiende que ella aprenderá algo de la joven pareja. Los jóvenes están parcialmente vestidos, sugiriendo que el mecanismo protector de su subconsciente está funcionando: se ha evitado el choque emocional de verlos absolutamente desnudos, lo cual le sería difícil encarar.

Liberarse del miedo

Visualiza tu yo sexual negativo como una figura temerosa y negativa que tiene miedo, que rechaza y que se encuentra en un paraje desolado. Recuerda que tú te convertirás en un ser tan solitario o tan insatisfecho como la imagen que acabas de visualizar, si no te abres a las solicitudes de un amante digno. Luego visualiza tu yo que se ha liberado del miedo, que ha encontrado la libertad y que goza de las sensaciones placenteras que derivan de hacer el amor. Si tus miedos comienzan a crecer de nuevo, sólo piensa en la segunda imagen positiva.

Ejercicio onírico Tu yo sensual

Mary se valió de este ejercicio (ver la página 45) para redescubrir las actitudes sexuales positivas que había reprimido.

Ver a la pareja le permite *enojarse* con ellos. Al atribuirles un estado de suciedad y de desorden cuando éste en realidad se refiere a ella, Mary revela la curiosidad que siente acerca de los placeres sensuales. Sin embargo, es incapaz de afrontar sus propios deseos mundanos. Regaña a los jóvenes por última vez, antes de que su subconsciente cambie de enfoque. Mary sale volando al buscar un medio de escape pero, en realidad, se siente liberada al volar: un claro símbolo de libe-

Temas relacionados

Alejarse volando de una imagen sexual

Intentas escapar de tus propios impulsos o deseos sexuales. Eres incapaz de enfrentar tus propias necesidades o actitudes.

Caer desde lo alto a la tierra

Te sientes un tanto decepcionada por tu pareja o por tu relación sexual. Caer estrepitosamente simboliza la pérdida de control o de alegría.

Abalanzarse

Estás creciendo en términos sexuales y gozas de los placeres que últimamente has probado.

Texturas suaves, placenteras y cremosas

Estas texturas indican que te encanta el sexo tórrido y apasionado. Es posible que estés experimentando el sexo oral o que hagas el amor usando tus propios lubricantes naturales.

ración sexual. Sus deseos interiores se ocultan convenientemente detrás de esta imagen y ella deja de estar enojada.

Texturas pegajosas, desagradables

Al igual que las imágenes sucias y terrosas que soñó Mary, tales texturas indican que sientes asco ante tu actual relación sexual o por una práctica sexual que acabas de experimentar. También puede simbolizar disgusto o culpabilidad por masturbarse.

Texturas acuosas o líquidas

Si el agua resulta avasallante como imagen, entonces quizás sientas que te estás ahogando en las exigencias sexuales que te son impuestas. Si sólo hay una "superficie" mojada en las imágenes de tus sueños, es posible que te sientas un tanto sensible acerca de tu relación sexual o de las prácticas sexuales que acostumbras.

Texturas burdas, dentadas

Estás enojada contigo misma o con tu amante. Si las imágenes dentadas se asoman por encima de ti o a tu alrededor, quizá signifique que te sientes amenazada sexualmente.

Solución del problema

Mary despertó muy molesta a causa de su sueño. Sintió que en su interior se desarrollaba una batalla entre el pasado y el presente. Su educación la había hecho negativa hacia la sexualidad; por ejemplo, ella se alejaba de James cuando intentaba acercársele con intenciones sexuales, o experimentaba temor y repulsión durante el encuentro sexual, siempre y cuando no hubiera huido ante las primeras insinuaciones. Sin embargo, su felicidad de estar al lado de James y de gozar juntos muchos hermosos momentos, creó en ella el anhelo de cambiar de actitud y mostrarse más positiva respecto al sexo.

Cuando experimentas lujuria por un ex amante

Me hallaba en un lugar extraño, semejante a un pantano, rodeado de exuberantes plantas tropicales que parecían prenderse de mi ropa. La escena no era atemorizante; de hecho, me sentía bastante tranquila. Mi ropa se mojó y ensució por el contacto con las plantas. Llegué a la orilla de un estanque azul y quise cambiarme de ropa. Sobre la ribera se encontraba el abrigo suave y cálido que Pete, mi ex novio, solía usar. Me pregunté por qué estaría allí. Luego me di cuenta de que sólo llevaba puesto unos andrajos de lo que había sido mi ropa y me sentí un poco avergonzada —mis pechos, mi vagina y mi trasero estaban expuestos. Cogí su abrigo y me lo puse. La lana tibia rozó mis pezones. Me sentí excitada, a pesar de estar en el pantano. Me sentí obligada a acariciar mis pezones y en poco tiempo se hincharon hasta volverse enormes. Yo seguía rozando el material de su abrigo contra mis pezones, una y otra vez. Luego seguí actuando de esta manera al colocar la suave tela entre mis piernas. Me sentía realmente muy excitada y no me importaba estar a solas en el pantano. Cuando desperté, no podía creer lo que había soñado.

Trasfondo e interpretación

Justine y Pete habían roto relaciones nueve meses antes de que ella tuviera este sueño. Su relación había sido difícil y, a pesar de que fue Justine quien decidió terminar, ella aún experimentaba muchos sentimientos encontrados respecto a Pete. Él siempre había sido un amante fantástico, aunque un tanto dominante, y ambos habían gozado de sus encuentros apasionados en distintos escenarios. Pero Pete también había jugado emocionalmente con Justine, causando daño a su autoestima. Ella nunca sabía cuál era su posición frente a él. Tras un año de sentir que vivía en una montaña rusa emocional y de ser presionada por muchos amigos, ella finalmente optó por terminar la relación. Desde entonces, Justine había salido con otros hombres, pero parece que no encontraba a nadie que valiera la pena.

Analizando el sueño de Justine

El ambiente exuberante y oscuro, "semejante a un pantano", en que se desarrolla el sueño de Justine, refleja su estado mental. En la vigilia se ha sentido deprimida y desprendida en términos emocionales. Las plantas que se prenden de sus ropajes representan distintas emociones que claman su atención. A pesar de que Justine se sintió maltratada en su relación con Pete, le fue difícil tomar la decisión de terminarla. Cuando sus ropajes se mojan y ensucian —dañados literalmente— simbolizan su sensación de estar emocionalmente deshilachada, en andrajos. Cuando las partes más íntimas de su cuerpo quedan expuestas, el sueño revela lo frágil que se sintió durante su relación con Pete. Se siente avergonzada porque entiende que jamás debió haber permitido que él la tratara tan mal.

Ejercicios sensuales

Liberarse emocionalmente

Es importante marcar la diferencia que existe entre las emociones residuales desdichadas, que tienen que ver con los aspectos generales de una relación pasada, y el deseo erótico que aún experimentas por un viejo amor. Visualiza a tu ex amante. Ahora, duplícalo para convertirlo en gemelos: uno es el erótico; el otro es el emocional. En tu mente, cubre al emocional con una manta. Ya puedes concentrar tu atención en los recuerdos del placer puro: rememora con detalle el placer que sentiste en el pasado con él. Repite este ejercicio periódicamente y gradualmente lograrás separar tus emociones y el placer sensual que compartieron. Para ayudarte en este proceso, deshazte de recuerdos, como fotografías, cartas y regalos, para que no ocupen tu mente los demás aspectos de la relación.

Gozar de un pasado erótico

Con cada amante aprendes algo más sobre tu propia sensualidad, sobre lo que te gusta y lo que no te gusta. No hay nada de malo en introducir en una nueva relación lo que has aprendido

Llegar a la ribera del estanque y querer cambiarse de ropa indica que ella sabe bien que debe transformarse, debe fortalecerse emocionalmente. Pero al ver el cálido abrigo de Pete, se siente nuevamente atraída por el aspecto sexual de la relación. Las cualidades del abrigo representan su sentimiento hacia Pete. Él era cálido en su sexua-

en tus relaciones pasadas. No es que estés metiendo a tus ex a la cama, sino que sigues el desarrollo de tu ser sensual.

Piensa en los sentimientos y prácticas sensuales que descubriste al lado de tus ex. Ahora imagínate a ti misma haciendo las mismas cosas maravillosas, sólo que con un nuevo amante imaginario. Este amante puede asumir la forma que tú desees, lo importante es que goces del erotismo que has aprendido.

Ejercicio onírico Caminos sensuales

Justine realizó este ejercicio (ver la página 48) para desarrollar de manera positiva sus sentimientos eróticos del pasado. Se situó a sí misma en la cima de un maravilloso sendero que recorría unos jardines exquisitos. En los cruces principales, se imaginó un encuentro erótico del mismo tipo que compartía con Pete, pero en esta ocasión su amante era un hombre misterioso, desconocido.

lidad. Justine se siente tentada a ponerse el abrigo. Inmediatamente, sus pezones se yerguen, simbolizando sensualidad y cuidado. Siente el impulso de frotar sus pezones, indicando la fuerza del atractivo sexual que ejerce Pete sobre ella. Sus pezones se hinchan enormemente, lo cual simboliza cuánto lo desea aún. Justine permite que su excitación domine la situación, sin preocuparse por estar a solas en el pantano. Ella sabe que no debería ser, pero no le importa, Pete todavía le inspira lujuria.

Solución del problema

Justine se sintió excitada sexualmente, pero también perpleja por su sueño. Le hizo comprender cuánto extrañaba a Pete. Es claro que lo echaba de menos en términos sexuales, sin embargo sabía que jamás regresaría con él. Se preocupó por estar malgastando tanta energía emocional en él, pues no le quedaba duda de que ella necesitaba otro tipo de hombre. Se preguntaba si los hombres que había conocido recientemente podrían darse cuenta de que ella aún deseaba sexualmente a su ex amante y que, por lo mismo, no habían insistido en establecer una relación con ella.

¿Necesitas dejar atrás el pasado?

Si te angustia la cantidad de energía emocional que malgastas en pensar en un amante del pasado, intenta contestar las siguientes cinco preguntas. Cada pregunta tiene tres respuestas optativas:

Anota tres puntos para cada respuesta a, dos puntos para cada respuesta b, y un punto para cada respuesta c.

1. ¿En ocasiones tienes fantasías de que regresas con tu ex amante?
a) Sí, frecuentemente.
b) En ocasiones.
c) No, jamás funcionaría.

2. Cuando estás en la cama con tu amante actual, ¿tienes fantasías sexuales con tu ex?

a) Sí, habita mis fantasías.

b) Ocasionalmente me viene a la mente.

c) No.

3. ¿Qué efecto te produciría ver a tu ex amante con otro amor?

a) Un efecto devastador.

b) Sería muy duro.

c) No tendría nada de malo. Estaría bien.

4. Cuando la relación finalmente llegó a su fin, la experiencia fue:

a) Traumática.

b) Bastante terrible.

c) Soportable.

5. Al escuchar la canción especial de ambos:

a) Te pones muy emotiva.

b) Se te humedecen los ojos.

c) Sonríes dulcemente.

Puntuación de 11 a 15:

Grado de apego elevado

Todavía te sientes muy atada a tu ex y esto influirá grandemente en la relación que establezcas con tu amante actual o con tus amantes futuros.

Intenta los siguientes ejercicios: deshazte de cualquier recuerdo suyo, date diez minutos diarios para pensar en tu ex y, después de eso, errádicalo de tu mente; pídeles a tus amigos que te recuerden todo esto en caso de que a ti se te olvide y comiences a hablar de tu ex.

Recuerda todos sus aspectos molestos; evita los lugares donde podrías encontrarlo; sal con tus amistades.

Puntuación de 6 a 10 puntos:
Grado de apego moderado
Probablemente sólo eres vulnerable ante el atractivo de tu ex si lo vuelves a ver. No ocupa tus pensamientos constantemente. Es posible que goces de relaciones sexuales sin que se introduzca subrepticiamente en tus fantasías eróticas. Si flaqueas, entonces prueba cualquiera de los ejercicios citados antes.

Puntuación de 1 a 5 puntos:
Grado de apego bajo
Tu ex amante es cosa del pasado. Has seguido con tu vida y quizá puedas recordar fácilmente cualquier experiencia sexual agradable que hayas experimentado a su lado e incorporar a tu nueva relación las técnicas eróticas que gozaron juntos.

Culpabilidad respecto a un amorío intenso

Parecía estar abandonada en un escondite montañoso, en un pasado remoto. Miré hacia afuera y todo parecía estar muy abajo, a una gran distancia. Había otras personas y comencé a hablar con uno de los hombres. Era muy atractivo, latino. Me sentí bastante excitada por la atención que me brindaba. No se parecía a nadie que hubiera yo conocido en mi vida. Colocó su capa oscura sobre mis hombros; su forro era de un tono carmesí. Me sentí muy especial, como si hubiese sido escogida por encima de las demás mujeres. Él tomó una cuchara y comenzó a tocarme por debajo de la capa. No sabía cuál era su nombre y cuando se lo pregunté no pude entender lo que me dijo. Metí la mano en sus pantalones y comencé a acariciar su pene. Era extremadamente grande y le pregunté cómo las otras mujeres "podían con él". Era sumamente excitante, a pesar de que me sorprendí al escucharme hablar de esa manera. Entonces la capa se ciñó apretadamente contra mi pecho. Su mano y la cuchara parecían estar atrapadas entre mis piernas. Me sentí sofocada y dije que quería parar. Entonces me desperté.

Trasfondo e interpretación

Penny había estado casada con William durante tres años cuando comenzó a trabajar para James. Hasta entonces, ella describía su matrimonio como una unión feliz, a pesar de que, en ocasiones, se había sentido un poco abandonada por William. Él raramente le hacía un cumplido y, ya que Penny se mostraba insegura de su aspecto físico, anhelaba que algún día la hiciera sentirse deseada. La relación sexual, como sucede con muchas parejas, había transcurrido tranquilamente y no era muy excitante. Penny adoraba a William, pero sentía que él había permitido que el sexo entre ellos fuera algo muy predecible y no lo suficientemente apasionado. A Penny siempre le había gustado vivir "al borde", pero esto había llegado a su fin cuando se casó con William. Cuando James comenzó a coquetear con ella y le describió su excitante estilo de vida, ella se enamoró en poco tiempo. Una cosa condujo a la otra y después de una reunión de maestros para aprender a bailar salsa, donde James se lucía al hacer girar a todo mundo al pulsante ritmo de la música latina; Penny acabó por acostarse con él. El romance duró poco tiempo debido al sentimiento de culpa que embargaba a Penny, pero se puede decir que fue una relación muy intensa. James la llevó a las alturas de la creatividad sexual.

Análisis del sueño de Penny

El escondite montañoso que constituye el escenario en que se desarrolla el sueño de Penny simboliza su necesidad de ocultar sus sentimientos. La montaña refleja el desprendimiento emocional que en ocasiones sentía respecto a lo que había hecho. Éste es un sentimiento muy común cuando las personas salen de sus papeles convencionales. Que el sueño sucediera en el pasado remoto, constituía un mecanismo protector para que ella pudiera distanciarse y no tener que afrontar lo que había hecho. El atractivo hombre latino representa a James —el hombre que bailaba salsa. Penny se siente excitada por la atención que le brinda, lo que representa sus sentimientos durante el romance.

La imagen del hombre que coloca su capa encima de los hombros de Penny indica su creencia de que el amorío con James por poco escapa de su control. En muchas ocasiones, tendemos a racionalizar la culpa de esta manera. La forma poco usual de tocar a Penny, por debajo de la capa y con una cuchara, la separa de la responsabilidad de este comportamiento sexual. Refleja la manera en que ella ha intentado distanciarse de la responsabilidad de haber gozado de un encuentro sexual furtivo y secreto. El subconsciente de Penny oculta su comportamiento sexual cuando llega a los pantalones del hombre: todo sucede bajo capas de tela. Al comentar sobre su "tamaño", se sorprende por el goce que le provoca su propia acción y su manera atrevida de hablar sobre su pene. Esta reacción simboliza el choque emocional que ella experimentó al haber tenido un romance extramarital.

La capa que comienza a constreñir su pecho simboliza el sentimiento de culpa que embarga a Penny. Literalmente, ella se siente sofocada por la culpa. Cuando la mano de él queda atrapada entre sus piernas, revela la sensación que tiene Penny de que ambos se verían atrapados por lo que hicieron.

Solución del problema

El subconsciente de Penny está intentando provocarla por medio de imágenes oníricas. La insta a pensar de manera distinta sobre su romance. No tiene otra opción que enfrentar sus sentimiento de culpa. Si alguna vez has tenido un romance extramarital, sabrás que produce cierta sorpresa la gran variedad de sentimientos por los que uno pasa, desde la culpa y la furia, hasta la excitación sexual. Casi siempre resulta mejor contarle a tu pareja todo lo relativo a tu romance, ya que él o ella tienen el derecho de decidir si quieren o no resolver los problemas contigo.

Muchas personas esperan darle solución a los problemas de su relación sin revelar a su pareja la verdad sobre el romance. Lidiar con el estado de angustia que produce esta situación, tal y como Penny intentó hacer, no ayudará a mejorar tu relación. Como resultado, quizá necesites evaluar nuevamente tu relación completa. Al hacerlo, es posible que la comunicación sensual entre tu pareja y tú mejore.

Ejercicios sensuales

Reconstrucción de la comunicación sensual

Si has perdido la habilidad de expresar tus necesidades (tal y como le sucedió a Penny) aun dentro de una relación bastante sólida, entonces intenta reconquistarla al usar las tres principales formas de comunicación sensual: la no verbal, la pre-verbal y la verbal.

Comunicación no verbal

Puedes proporcionar nuevo vigor a tu vida sexual al transmitir mensajes no verbales. Usa tus manos, labios y otras partes de tu cuerpo para que guíen a tu amante a los sitios en los que te gustaría ser acariciada, explorada o besada. Deja que "tus dedos hablen" de esta manera sensual.

Comunicación pre-verbal

Al inicio de una relación casi no puede contenerse la emoción. Los suspiros, murmullos, gemidos y gruñidos de placer sexual guían a tu amante a las zonas en que tus sensaciones son más intensas. Con el tiempo, muchas personas se vuelven silenciosas al hacer el amor y permiten que la energía sexual fluya sin hacer nada por incrementarla, privando a su pareja de esta forma de comunicación íntima. Dale una "voz" no verbal a tus sentimientos cuando hagas el amor para aumentar la comunicación sensual con tu pareja e incrementar tu propia satisfacción sexual.

Comunicación verbal

El uso de palabras permite que tu amante se entere explícitamente de tu mundo sensual. Las palabras pueden cobrar innumerables formas. Pueden reforzar un acto que tu amante ya esté haciendo bastante bien; por ejemplo: "Por favor, ¡no dejes de hacer eso!" Pueden ser una petición sensual; por ejemplo: "Por favor, ¿puedes tocarme aquí de la misma manera en que lo has hecho antes?" O es posible que las palabras se conviertan en una petición para que tu amante te guíe por todo su cuerpo; por ejemplo: "Déjame saber si esto te agrada." También puedes usar palabras para profundizar el momento amoroso pidiéndole a tu amante que te proporcione una retroalimentación positiva (algo que Penny había dejado de hacer). Todas estas técnicas asegurarán que ambos obtengan lo que realmente desean al hacer el amor.

Descifra los signos y señales de tu amante

Nadie debe verse obligado a leer la mente de su amante. Sin embargo, muchos amantes caen en la trampa de comenzar a pensar: "Hemos estado juntos durante tantos años, ya debe saber qué es lo que siento." Mantente alerta para descubrir algunas formas no verbales de comunicación y trata de comprender qué es lo que tu amante siente antes y durante el acto amoroso; por ejemplo, que se comporte de manera particular cuando está de buen humor para hacer el amor.

Por ejemplo, un hombre puede rasurarse de noche cuando desea seducir a su pareja o es posible que ponga cierta música romántica para comunicar sus deseos. Si no estás segura de que tu pareja te está mandando un mensaje sexual, pregúntale, con un susurro sensual, qué está pensando o sintiendo.

Atención sensual

Es maravilloso que alguien te diga que eres fantástica en la cama o que eres bella o que vuelves loco a tu amante. Nunca

Una amante que se ha convertido en madre

Conducía por la carretera que va a la casa de mi madre. Una mujer de voz sumamente sensual hablaba por la radio. Me incitó a pensar en el sexo. Comencé a acariciarme yo mismo, pero me di cuenta de que ya casi había llegado a mi destino, así que me vine rápidamente y luego subí la cremallera de mis pantalones. Me sentí nervioso al acercarme a la puerta de la casa de mi madre. Me preguntaba dónde estaría mi esposa —¿por qué no estaba conmigo? Toqué el timbre y luego me pregunté dónde habría dejado la llave. Pasó un vecino y dijo: "¿Por qué te comportas tan tontamente? ¡Sólo entra!" Abrí la puerta y vi que los muebles de la recámara que Helen y yo compartíamos llenaban la sala de mi madre. Llamé en voz alta, pero nadie contestó. Luego escuché algunos ruidos y los seguí hasta la cocina. Helen se

subestimes el poder de tales atenciones sensuales. Bríndale a tu amante estos cumplidos amorosos y si no te responde con la misma moneda, pregúntale de la manera más amable: "¿Te hice sentir bien?" o "¿Me veo sensual?" Algunos amantes requieren de un método más directo, y esto ¡puede ser logrado con un susurro sensual, en vez de un tono exigente!

encontraba allí. Giró su cuerpo hacia mí, como si fuera perfectamente normal que ella estuviera trabajando en la cocina de mi madre. Me preguntó: "¿Dónde has estado?" Sentí como si yo fuera un niño travieso. Era como si ella supiera que me había estado masturbando en nuestro coche al ritmo de la voz sensual de la mujer en la radio.

Trasfondo e interpretación

Bill y Helen habían estado casados durante cuatro años. Hacía nueve meses, Helen había dado a luz a una niña, Stephanie. Siempre habían tenido la intención de que los primeros años de su matrimonio los pasarían solos para lograr que su relación se estableciera firmemente antes de tener hijos. Esto era lo que habían hecho. Realmente habían gozado de los primeros años de matrimonio sin hijos. Habían viajado por el mundo y habían hecho el amor en cada país que visitaron.

En general, esos años habían sido muy sensuales y muy felices. Cuando Helen se embarazó, sintieron que ya estaban preparados para ser padres. Ambos mostraron su júbilo cuando nació Stephanie.

Seis semanas después del nacimiento, Helen había comenzado a sentirse un poco frustrada —quería hacer el amor con Bill. Él era un marido cariñoso y un padre amoroso, pero no parecía interesarse en el sexo. Helen arregló que su suegra cuidara a la pequeña durante varias veladas para que ella y Bill pudieran pasar juntos momentos románticos. Sin embargo, tras compartir una cena a la luz de las velas, su esposo aún no parecía tener interés en el sexo. Helen podía contar con los dedos de la mano las veces que habían hecho el amor desde el nacimiento de la bebé. Cuando trató de hablar con Bill al respecto, él simplemente dijo que estaba agotado a causa de la bebé y de su trabajo. "No te preocupes", solía decir, "las cosas volverán a la normalidad en poco tiempo." Lo que Helen aún no había comprendido era que Bill albergaba sentimientos muy distintos hacia ella desde que había nacido la pequeña: la colocó en un pedestal "materno". Ahora se había convertido en una madre cuidadosa y él no asociaba la maternidad y el sexo. Al igual que muchos hombres, él simplemente no podía reconciliar la imagen de la madre que cuidaba de su pequeña con el ser sexual que él conocía bien y que era su mujer.

Análisis del sueño de Bill

En su sueño, Bill escucha la voz sensual de la radio —su subconsciente localiza sexualidad a una distancia segura y en la voz de otra mujer. Es una extraña, así que él es capaz de relajarse y sentirse sensual. Le gusta acariciarse a sí mismo, imaginando sexualmente a mujeres al tiempo que se masturba. Se siente nervioso a medida que

Ejercicios sensuales

Renovar sentimientos sensuales

Si has perdido el amor por tu pareja, por la razón que sea, es importante renovar tus sentimientos. Esto muchas veces se logra al recordar momentos sensuales pasados. Evoca imágenes eróticas de tu amante durante las primeras etapas de tu relación. Quizá recuerdes algo que te pareció atractivo en ese momento: una mirada de satisfacción bajo un mechón de cabello o una ocasión particular en los primeros tiempos de tu relación, cuando gozaron de encuentros sexuales fabulosos y electrizantes.

Aumentar el contacto sensual

Trata de encender nuevos sentimientos sensuales en tu pareja prodigándole caricias que aumenten su placer. Practica el siguiente ejercicio. Véndense los ojos por turnos. Cuando te toque a ti, recuéstate en una posición cómoda y goza mientras tu pareja te besa y acaricia. Deja que tu imaginación enloquezca con el contacto. Experimenta las maravillosas sensaciones que tu pareja ha preparado para ti.

Darle nueva forma a las actitudes sexuales

Si han cambiado tus sentimientos sexuales hacia tu pareja por la llegada de un bebé, prueba este ejercicio. Visualiza a tu amante como un dios o una diosa de la sexualidad, que está presente sólo para brindarte placer sexual. Esto es algo especial. Antes de hacer el amor, recuerda esta imagen. Te ayudará a centrar tu atención en el aspecto positivo del acto amoroso y a borrar cualquier actitud negativa desarrollada en el pasado.

Temas relacionados

Encontrar muebles de recámara desconocidos en tu hogar

Si en tu sueño hay muebles de recámara desconocidos, quiere decir que sientes que has perdido el contacto con tu pareja.

Escuchar una voz sensual que proviene de algún sitio distante

Te estás alejando de tus verdaderos deseos. Tu subconsciente ha situado la voz en la distancia para que puedas disfrutar el efecto sensual que ejerce en ti mientras sueñas, sin que te veas obligado a aceptar alguna responsabilidad por su presencia.

se aproxima a la puerta de la casa de su madre, incómodo por haberse sentido sexual tan cerca de casa. El hecho de preguntarse dónde estaba Helen revela cuánto dista su esposa de la excitación sexual que acaba de experimentar. También indica que Helen ya no es el centro de sus pensamientos y deseos sexuales.

Bill se muestra torpe frente a la puerta y el vecino que pasa le dice que no sea tonto, que entre, simbolizando lo cómodo que se siente en casa de su madre. Los muebles de su propia recámara colocados en la sala de su madre, constituyen el primer símbolo contundente que indica que para Bill el sexo y la maternidad están entreverados —el centro de su vida sexual (su recámara) ha sido colocada por su subconsciente en la casa de su madre. Es ésta la fuente de su conflicto interior. Bill llama en voz alta y nadie contesta, lo que revela lo solo que se siente con esos

Masturbarse mientras sientes angustia

El hecho de que se presente en tus sueños una imagen de esta naturaleza, acompañado de un sentimiento de angustia, indica que te preocupan algunos aspectos de tu actuación sexual. Al masturbarte y sentir angustia durante el sueño, estás marcando una distancia sexual entre tú y tu amante.

Masturbarse y sentir un gran placer

Estás gozando de una gran confianza sexual en este punto de tu vida. Sientes la libertad de expresarla en las imágenes oníricas.

sentimientos; por ahora, no ha tenido el valor de compartirlos con Helen. Encontrarla en una actitud de perfecta comodidad dentro de la cocina de su madre, actuando como toda una madre, es la indicación final de que sus sentimientos acerca de la maternidad están vinculados con sus sentimientos hacia su esposa (que ahora se ha convertido en madre). El hecho de que Bill se sienta como un niño travieso simboliza su culpabilidad por no compartir sus sentimientos con una esposa a la que ama.

Solución del problema

Este sueño identificó los distintos sentimientos que Bill tiene respecto al sexo. Una vez que Bill pudo hablar claramente acerca del simbolismo de su sueño, se dio cuenta que necesitaba ser honesto con Helen para no dañar su relación. Los sentimientos entre los miembros de una pareja son dinámicos, no estáticos; cambian a medida que se transforman las circunstancias. Muy a menudo, cuando llega a casa un bebé, uno o ambos padres se percatan de que algo ha cambiado en la relación. Asegúrense de que nadie permanezca en la ignorancia acerca del cambio de sentimientos y actitudes. Adáptense a las situaciones nuevas y así podrán mantener la felicidad continua de ambos.

Resistir la presión sexual

Me encontraba descansando en lo que parecía ser la casa de un amigo, pero no reconocí a nadie. El tema de conversación era una mesa rara: todos hablaban de ella. Su superficie era redonda y plana y tenía tres patas de estilo gótico muy labradas. Nunca antes había visto algo semejante. Yo descansaba sobre el sofá en posición casi horizontal. De pronto, las patas de la mesa comenzaron a envolver mis piernas. Era una situación aterradora. Intenté extraer mis piernas pero fue en vano. Al no poder escapar, me embargó una sensación de pesadilla. Todos los demás parecían ignorar mi suplicio. Entonces, Donna entró al cuarto y me preguntó qué me parecía la mesa. Le dije que la encontraba detestable y luego siguió una conversación extraña acerca de mis razones. Donna dijo que la mesa era la más preciada de sus posesiones y que debería gustarme. Discutimos, al tiempo que mis piernas permanecían apresadas entre las patas de la mesa. Me negué a estar de acuerdo con Donna. Súbitamente, ella dio por terminada la conversación y yo desperté.

Trasfondo e interpretación

Henry ha estado saliendo con Donna desde hace dos años. Está loco por ella. Ella siente una gran pasión por la vida y vive cada momento con gran intensidad. Nunca antes él había mantenido una relación con alguien como ella. Durante los dos años que han pasado juntos, Donna le ha enseñado algunas prácticas sexuales poco comunes: Henry ha aprendido sobre sexo anal y técnicas sadomasoquistas, al igual que técnicas de sexo oral. Él siente que, al lado de Donna, ha alcanzado su potencial erótico.

Sus amantes anteriores se habían quejado de que las relaciones sexuales con él resultaban aburridas; él sentía que necesitaba a Donna para hacer realidad su ánimo experimental. Recientemente, sin embargo, Henry se había sentido intimidado cuando Donna sugirió que hicieran el amor en trío con una amiga suya. Él se sintió herido; pensaba que la vida sexual que compartían era especial. Muchas veces había fanteseado con la idea de hacer el amor con dos mujeres, pero en realidad no deseaba llevar dicha fantasía a la práctica. Comenzó a preocuparle la idea de que quizá no estaba satisfaciendo a Donna plenamente. Temía que ella daría por terminada la relación si él se negaba.

Análisis del sueño de Henry

Henry no tenía la menor noción acerca del significado de su sueño, a pesar de que le había alterado emocionalmente. El sueño inicia con la imagen de Henry que descansa en un ambiente agradable. Su subconsciente le protege al no incluir personas conocidas, convirtiéndolo en un ambiente amistoso en el que él pueda explorar. Todos prestan

Ejercicios sensuales

Alternativas sensuales

Es común que las personas tengan distintas expectativas acerca del grado de experimentación que sus vidas sexuales deben tener. Cuando surgen diferencias, es importante encontrar alternativas que satisfagan a ambos. Por ejemplo, si uno de los dos desea conducir la actividad sexual hacia terrenos inexplorados, que provocan angustia en uno de ellos, quizás una alternativa sea sustituir la realidad por la fantasía. En el caso de Henry y Donna, discutir su fantasía en detalle quizá pueda satisfacer el deseo de Donna de experimentar un trío amoroso, especialmente si tiene la habilidad de "entrarle" a conversaciones fantasiosas. En otros casos, la alternativa podría ser el encontrarse a medio camino entre las expectativas sexuales de cada uno. Para aquellos que se sientan preparados a emprender el "camino salvaje", como Donna, visitar un club adulto basado en el fetichismo, quizá pueda satisfacer el deseo de explorar el sexo en grupo. Es probable que una pareja acepte ver y no tocar, con el fin de hacer de esta experiencia algo menos amenazador. Sin embar-

atención a la extraña mesa, esto indica que algo fuera de lo común está sucediendo en su vida.

El labrado profuso de la mesa simboliza los sentimientos de sensualidad que embargan a Henry. Estos sentimientos se han visto enriquecidos gracias a la influencia de Donna. Que la mesa no se parezca

go, nadie debe sentirse obligado *jamás* a realizar una práctica sexual que no desee, sin importar en qué punto de la relación se encuentre.

Concesiones sensuales

Darse turnos para alcanzar los deseos individuales es una parte importante de cualquier relación sexual. Si logras hacer esto exitosamente, se te facilitará llegar a acuerdos equilibrados en tu relación integral. Por ejemplo, tal vez uno de los dos desee probar las distintas posiciones sexuales propuestas por *El Kama Sutra*, mientras que el otro sienta que su excitación sexual crece al hacer el amor en distintos lugares. Aprender a conceder, mantendrá satisfechos a ambos amantes.

Tus derechos sexuales

Piensa bien y escribe una autoafirmación acerca de tus derechos sexuales (ver la página 77).

"a nada que haya visto en mi vida" revela su inocencia respecto a lo que termina por convertirse en una amenaza (la relación sexual entre tres a la que está siendo forzado). Estar acostado horizontalmente sugiere que Henry está listo para tener relaciones sexuales, pero luego las patas de la mesa envuelven sus piernas de manera amenazadora.

El sentimiento de terror que acompaña esta parte del sueño representa la angustia de Henry ante la relación de tres que ha propuesto Donna (la mesa tiene tres patas).

Cuando intenta zafarse y se da cuenta que nadie presta atención a su suplicio, el sueño indica lo aislado que se siente Henry en este estado de angustia. La discusión representa, de manera directa, el desacuerdo entre ambos respecto a tener una relación de tres. Donna dice que la mesa es su posesión más valiosa, indicando que Henry conoce bien el alto valor que ella asigna a su actividad sexual exótica. Durante la discusión, las piernas de Henry permanecen atrapadas, lo que refleja su sensación de sentirse atrapado por las exigencias de Donna. La imagen final del sueño, cuando ella da por terminada la discusión, es el subconsciente de Henry que le indica que puede mantener su posición de desacuerdo si así se lo propone.

Solución del problema

Henry no estaba seguro de cómo plantear su posición a Donna. Meditó distintas alternativas, pero el rumiar constante acerca del probable trío amoroso sólo alimentaba su angustia. Al igual que muchos problemas de índole sexual, el miedo respecto a qué podría suceder si enfrentaba a Donna directamente con el problema, le impedía decir lo que pensaba. Sus dudas daban vueltas por su mente sin encontrar ninguna solución. Todo esto aumentaba su creciente estado de ansiedad. La imagen final del sueño de Henry era un mensaje en el que su subconsciente le instaba a mantener su posición.

Evalúa tu resistencia a la presión sexual

Si sientes que podrías estar presionado a realizar una actividad sexual que no deseas siquiera intentar, contesta las siguientes cinco preguntas. Cada una tiene tres respuestas opcionales. Anota tres puntos por cada respuesta a, dos puntos por cada respuesta b, y un punto por cada respuesta c.

1. ¿Estarías de acuerdo en tener un encuentro sexual, aun cuando no lo desearas?
a) Sí.
b) Pienso que hay momentos en que sí estaría de acuerdo.
c) Definitivamente, no.

2. ¿Alguna vez has probado alguna actividad sexual que te produjo desagrado?
a) Sí, y sentí gran infelicidad.
b) No, pero he hecho cosas de las que me sentía insegura.
c) No, definitivamente no.

3. ¿Alguna vez has hecho el amor cuando en realidad sólo buscabas afecto?
a) Sí, frecuentemente.
b) En ocasiones, cuando hubiese preferido una sesión de cariño.
c) No, porque son dos cosas muy distintas.

4. Cuando perdiste la virginidad, ¿escogiste las circunstancias en las que esto sucedería?
a) No, estuvo fuera de mi control.

b) Hasta cierto punto.

c) Sí, definitivamente.

5. ¿Alguna vez has sentido que no eras capaz de hablar o de expresar tus sentimientos a un amante?

a) Sí, frecuentemente.

b) A veces.

c) No, siempre he sido capaz de expresar mis necesidades.

Una evaluación de 11 a 15 puntos:

Vulnerabilidad ante la presión sexual

Aprende a separar la necesidad de afecto de las relaciones sexuales. Es importante recordar que no vale la pena continuar con una relación basada en la desigualdad. Si tu amante te presiona a hacer cosas que no deseas hacer, aprende a decir NO. Debes proponer opciones con las que te sientas cómoda. Mientras más accedas a participar en actividades que te incomoden, más vulnerable serás en el aspecto global de tu relación.

Una evaluación de 6 a 10 puntos:

Cierta vulnerabilidad ante la presión sexual

Es posible que en ocasiones, con tal de evitar una discusión, aceptes hacer el amor cuando no lo deseas. La mayoría de las personas suelen hacer esto a veces con tal de satisfacer al ser que aman, pero nunca permitas que este tipo de respuesta se convierta en una actitud definitiva, hacer el amor cuando no lo deseas o sentir una enorme infelicidad al ser forzado a realizar prácticas que no deseas llevar a cabo.

Una evaluación de 1 a 5 puntos:

Ninguna vulnerabilidad ante la presión sexual

Sabes expresar bien tus necesidades sexuales y no permites que nadie te presione a hacer el amor cuando no lo deseas, ni a llevar a cabo prácticas que te incomodan. Es necesario que mantengas esta actitud, pues es importante para tu autoestima. Sigue reafirmando tu papel dentro de tu relación sexual.

Desear sexualmente a un jefe odiado

Entré a la oficina de Mark vestida de manera extraña: no existía la parte frontal de la falda y mis genitales estaban completamente expuestos a la vista. Mark dijo que había trabajo por hacer. No parecía notar mi apariencia extraña. Entonces, me subí a su escritorio y abrí las piernas. Comenzó a examinarme como si fuera un ginecólogo (realizaba su examen de manera muy profesional). Le dije que empleara un bolígrafo para examinarme más de cerca. Mark tomó un bolígrafo y con su ayuda abrió delicadamente los labios de mi vulva. A continuación, le dije que deseaba hacer el amor con él. Respondió: "No, hasta que termine el examen." Le rogué y soltó la pluma. Enterró su cabeza entre mis piernas. El sexo oral fue fantástico y yo me movía de manera que pudiera obtener la mayor satisfacción posible. A continuación, Mark se encontraba encima de mí. Se mostraba extrañamente considerado, preguntando si estaba bien hacerlo sobre la superficie dura del escritorio. No hice caso de su pregunta y di la vuelta para estar encima de él. Ahora nos movíamos juntos. Era como si yo estuviera en celo y no pudiera obtener todo lo que yo quería.

Cuando desperté, no podía creer lo sensual que me había comportado en el sueño.

Trasfondo e interpretación

Elizabeth odiaba a su jefe, Mark. Siempre exigía que las cosas se hicieran a su manera y nunca demostraba la menor paciencia con los clientes o con sus colegas. Elizabeth gozaba de una buena posición en una compañía próspera en la que todos debían trabajar denodadamente para mantener dicha situación. De hecho, a ella le gustaba su empleo y trabajaba con empeño, pues prefería estar ocupada que aburrirse. Su único problema en el trabajo tenía que ver con la personalidad de su jefe y la manera en que él se comportaba con ella. Mark parecía no tener calidez y su estilo frío, cerrado y analítico la hacía sentirse incómoda. Parecía nunca bajar la guardia; con ella o con cualquier otra persona, él siempre estaba alerta. Todo debía realizarse de acuerdo con una rutina estricta que no satisfacía la naturaleza más libre de Elizabeth. Ella había intentado romper el hielo entre ambos al inicio de su relación laboral, pero Mark no había prestado la menor atención a sus intentos. Su actitud siguió siendo la de "sólo trabajo y nada de juegos". Ella prácticamente se había dado por vencida en cuanto a crear una relación laboral más satisfactoria con su jefe.

Análisis del sueño de Elizabeth

Entrar a la oficina de Mark vestida con ese atuendo extraño y revelador, refleja la vulnerabilidad que siente Elizabeth al enfrentar la actitud de su jefe. Ella coloca su corazón en la mano y, literalmente, se siente expuesta a su escrutinio. El hecho de que Mark ni siquiera note que ella se ha revelado ante él representa la manera en que éste ha ignorado todos sus intentos por mejorar su relación laboral. Cuando en el sueño él dice que hay mucho trabajo por hacer, se refleja su comportamiento durante las horas laborales: sólo atiende su trabajo y ni siquiera se da cuenta de la presencia de una mujer semidesnuda en su oficina. El hecho de que Elizabeth se suba al escritorio y abra sus piernas, simboliza el deseo subconsciente de Elizabeth de hacer el amor con él; es ella quien incita a Mark a tener un momento íntimo. Él responde como "un ginecólogo", nuevamente representando la fuerte opinión de Elizabeth de que no es verdaderamente humano, pues jamás muestra una respuesta emocional y nunca abandona su modo analítico. En vez de gozar de los genitales de una mujer, Mark se dedica a ver sus genitales como un trabajo más.

Cuando Elizabeth le dice que "use su bolígrafo" para examinarla más de cerca, está indicando su deseo de tener relaciones sexuales con él. Su subconsciente le permite introducir esta idea lentamente. Luego, sus verdaderos deseos encuentran la oportunidad de salir a flote y ella le dice directamente que "desea hacer el amor con él". Su respuesta, "no, hasta que haya terminado el examen", representa la mente de ella, proporcionando el tipo de respuesta negativa que él normalmente le daría en el trabajo: es decir, el trabajo primero, luego la diversión.

Luego Elizabeth le ruega que le haga el amor y, en su mente, le permite a él "enterrar su cabeza entre sus piernas" (un acto de lo más íntimo, que comienza a satisfacer sus deseos sexuales). Su verdadero deseo se cumple cuando él se monta encima de ella y le pregunta si está cómoda. Esto implica la satisfacción de los deseos de Elizabeth: su jefe debería mostrarse más atento a sus sentimientos durante las horas laborales. Finalmente, la relación sexual de carácter animal,

Ejercicios sensuales

Interpretar papeles brindados por sueños

Frecuentemente, algunas imágenes oníricas absurdas se introducen en nuestra creatividad sexual más profunda. Es importante que aprendamos a sentir la confianza necesaria para explorar dichas imágenes y aprender de ellas. Una manera de lograr esto es usar las imágenes oníricas absurdas para darte ideas de ciertos papeles que puedes interpretar con tu amante. ¡Son indispensables el tacto y la sensibilidad si tu sueño incluye personas que puedan provocar celos o preocupación a tu amante!

Elizabeth se divirtió con su amante, cada uno turnándose para interpretar papeles que se basaban en las imágenes sexuales que ella experimentó durante su sueño. Ella asumió el papel

agitado, que gozan juntos, simboliza el anhelo de Elizabeth por romper con las rutinas estrictas que padece en el trabajo.

Solución del problema

Existen muchas razones por las que algunas personas suelen tener sueños absurdos con sus jefes o colegas del trabajo. El trabajo ocupa una gran parte de nuestra vida diaria, refleja nuestros sentimientos de valor personal e indica si hemos obtenido los niveles adecuados de responsabilidad en términos de las expectativas que albergamos sobre nuestras carreras profesionales. Nuestro sentir acerca de los colede la jefa fría y poderosa, y sintió placer al decirle a su novio qué es lo que tenía que hacer en la recámara.

Ejercicio onírico Caminos sensuales

Elizabeth se valió de este ejercicio onírico (ver la página 48) para desarrollar sueños que encontraría sensuales. Ella divisó maravillosas imágenes eróticas a lo largo de su camino. Incluían sexo oral, que se le ofrecía "hasta que ella ya no pudo más". También visualizó encuentros sexuales excitantes en diferentes partes del edificio donde trabaja.

gas (esas personas con las que a veces pasamos más tiempo que con nuestros seres queridos son parte importante de esto). Así que no es de sorprenderse que los temas laborales aparezcan frecuentemente en nuestros sueños.

Los sentimientos acerca de nuestra naturaleza sexual también están vinculados con nuestro sentido innato del valor personal. La intensidad de los sentimientos que guardamos sobre el trabajo y el sexo posibilita que los sueños relacionados con temas laborales muchas veces se entremezclen con imágenes sexuales. Generalmente, estas imágenes se centran en el cumplimiento de deseos de algún tipo, pero también pueden estar relacionados con la angustia respecto a nuestra actuación sexual. Quizá la que sueña encuentra, secretamen-

Temas relacionados

Llegar desnudo al trabajo

Si esta imagen onírica se acompaña de angustia, es probable que sientas cierta vulnerabilidad en tu trabajo y que otros lo han advertido. Si se acompaña de entusiasmo, entonces simboliza un anhelo por obtener mayor atención en el trabajo, quizá de alguien por quien te sientas atraído sexualmente.

Tú dominas a tu jefe

Esta imagen onírica simboliza invertir los papeles en términos de satisfacer los deseos de quien sueña. Es posible que las imágenes sexuales que dominan el sueño tengan más que ver con el "poder" que el soñador pueda obtener sobre su jefe que un deseo real de mantener un encuentro sexual con él o ella.

te, que su jefe es atractivo de alguna manera o se siente angustiada por su actitud hacia ella. El sueño puede reflejar el deseo de lograr que el jefe "esté de su lado", es posible que refleje una relación amor-odio. Muy a menudo, los sentimientos intensos y negativos enmascaran otras pasiones (el soñador o soñadora puede sentirse atraído por el poder y el prestigio de su jefe). Los opuestos se atraen.

Una exploración de los sentimientos de Elizabeth revelaron que ella se sintió atraída por el poder que ejerce Mark gracias a la posición que ocupa dentro de la compañía. También se evidenció que ella sentía atracción por la naturaleza fría y controlada de Mark, que era tan distinta de su propia naturaleza cálida y libre.

Tener relaciones sexuales delante de colegas

Si es acompañada de angustia, esta imagen onírica es un claro indicio que te sientes sumamente vulnerable ante tus colegas. Quizá sientas que otras personas están minando tus logros laborales o que hablan a tus espaldas. Sin embargo, si esta imagen se acompaña de sentimientos de sensualidad y gozo, refleja tu espíritu libre.

Mantener relaciones ocultas con un colega

Esto puede representar los sentimientos de culpabilidad que experimentas por desear en secreto a una persona. Tu subconsciente te permite gozar de un placer robado, a pesar de que el carácter oculto de la relación refleje tu conocimiento de que no es "correcto".

Mantener relaciones sexuales con una estrella de Hollywood

Me encontraba en un estudio de filmación. Nunca he visto uno, pero éste era fantástico. Había una enorme cantidad de gente. De pronto, divisé a Pandora (una actriz famosa). Descansaba con los pechos al aire en una de aquellas sillas reclinables de antaño. Parecía no tener conciencia de todo lo que sucedía alrededor. Yo me sentía hipnotizado por la belleza de sus pechos, que semejaban pastelillos de crema firmes. Sentí que mi erección surgía y comencé a sobarme sobre los pantalones. Me acerqué a ella y ella me dijo: "Hola". Le dije que me llamaba Eric, pero a ella no pareció interesarle. Tomó mi mano con fuerza y me atrajo hacia su cuerpo. Colocó mis manos sobre sus pechos y las frotó contra su cuerpo. El tacto de sus pechos era tan asombroso como su apariencia. Me estaba viniendo de tan sólo tocarlos y parecían crecer. Nuestros cuerpos se entrelazaron, allí mismo, sobre la silla reclinable y en medio del estudio de filmación. Pandora era sumamente dominante, me decía qué tenía que hacer: en primer lugar, debía apretar su trasero, luego acariciar su clítoris. No me importaba —yo me sentía sobre una nube, tratando de cumplir todas sus exigencias.

Trasfondo e interpretación

Eric no había tenido novia durante un año y fue él quien admitió que le encantaría tener una. Había dejado de decir a sus amigos que le gustaría conocer a alguien, ya que sentía vergüenza ante su falta de éxito con las mujeres que había conocido. Se preguntaba qué tenía de malo, pues en el fondo de su alma sentía que no era tan mal tipo. Creía haber perdido mucho en sus años mozos, su condición física era buena, estaba deseoso por experimentar y le encantaría tener una vida sexual satisfactoria. Su sentimiento de fracaso comenzaba a generar en él dudas sobre sí mismo. Eric estaba en peligro de entrar en un ciclo negativo.

Análisis del sueño de Eric

Encontrarse en medio de un set de filmación pone en evidencia qué insignificante se siente Eric en el mundo real. Ver a la estrella de cine reclinada y con los pechos al aire era su deseo real. Esta imagen onírica sólo prueba los deseos que Eric quisiera que se cumplieran. Su subconsciente también refleja el estado emocional que desearía adquirir: Pandora no presta atención al resto del mundo, que es lo que a Eric le gustaría sentir, en vez de ser la persona necesitada de atención y cariño que es en la actualidad. Cuando Eric centra su atención en los pechos de la artista de cine, revela dos necesidades no satisfechas. En la actualidad, sus deseos eróticos y su necesidad de recibir cariño no están satisfechas. Cuando los pechos de una mujer se convierten en el centro focal de una imagen erótica, y cuando son descritos de una manera tan reconfortante, como "pastelillos de crema", muchas veces simbolizan la necesidad de ser alimentado y cuidado por una figura femenina.

Las necesidades eróticas de Eric tienen precedencia inmediata, tal y como lo indica la falta de interés que Pandora muestra por conocer su nombre: ella no quiere conocerlo personalmente, ¡simplemente desea que él la toque! Su subconsciente da forma al sueño en torno a la figura de Pandora: ella lo impulsa hacia su cuerpo y coloca sus manos sobre sus pechos. Éste es un símbolo poderoso del deseo que tiene Eric de conocer a una mujer dominante. Él siente miedo al rechazo, así que le gustaría encontrar a una mujer que envíe mensajes claros de que lo desea a él.

Entretejer sus cuerpos en público simboliza el deseo que experimenta Eric de ser visto como un hombre que tiene éxito con las mujeres. Las imágenes finales en las que la estrella de cine se muestra sumamente dominante, dirigiendo cada uno de sus movimientos, sigue reflejando su necesidad de que una mujer lo desee sexualmente. Y qué mejor imagen que la de una estrella de cine consentida, que siempre obtiene lo que desea.

Solución del problema

El sueño cumplió algunas de las necesidades eróticas de Eric al permitirle que derivara un cierto placer sexual. Al mismo tiempo, el sueño indica que Eric necesita actuar para restituir la confianza en sí mismo como hombre y como amante potencial, antes de convertirse en un ser sexualmente atractivo para otros.

Si te has sentido solo o has sufrido algún tipo de rechazo sexual o emocional, prueba los ejercicios sensuales aquí descritos. Por medio de ellos lograrás restituir tu confianza en tu ser sensual.

Evalúa tu potencial de pasión

Con el fin de descubrir qué tan apasionado eres, trata de contestar las siguientes cinco preguntas. Cada pregunta tiene tres respuestas opcionales. Anota tres puntos por cada respuesta a, dos puntos por respuesta b, y un punto por cada respuesta c.

1. ¿Alguna vez has hecho el amor en un lugar poco común o de alguna manera inusual?
a) Sí, mi amante y yo hemos tenido algunas experiencias poco comunes.
b) Parte de nuestra vida sexual ha sido bastante sensual.
c) No, no me interesa.

2. ¿Algún amante te ha disgustado al sugerir alguna experiencia sexual en especial?
a) No, aun cuando algo no se me apeteciera no me sentiría contrariada.

b) Es posible que en ocasiones haya sentido cierta incomodidad.

c) Sí, me han contrariado algunas sugerencias.

3. ¿Qué tanto gozas al probar nuevas técnicas sexuales?

a) Me encanta probar nuevas técnicas y muchas veces soy yo quien las sugiere.

b) Soy tan intrépida como cualquiera.

c) Prefiero que las cosas sigan como hasta ahora.

4. ¿Estás dispuesta a describir con detalle tus deseos o tus necesidades sexuales?

a) Sí, pienso que es importante decir qué es lo que te excita.

b) Cuando me siento muy segura, sí.

c) Nunca podría describir nada con detalle.

5. ¿Qué sentirías si tu amante te comprara alguna prenda u objeto muy sensual?

a) Me encantaría probarla o ponérmela.

b) Me sentiría feliz.

c) Me sentiría avergonzada.

Puntuación de 11 a 15 puntos:
Alto potencial de pasión

Te gusta mostrarte apasionada con tu amante y no te asusta probar cosas nuevas. Sientes que mantener viva la pasión depende de mostrarse siempre sinceros y abiertos con tu pareja, deseosos de explorar la sensualidad del otro, sin miedo a decir "no" a algo que no te parezca o guste.

Ejercicios sensuales

Creer sensualmente en uno mismo por medio de imágenes oníricas

Sírvete de las imágenes oníricas sensuales de tus sueños para recordar qué tan sensual eras en el sueño y que puedes serlo en la vida real. Relájate primero, recuerda las imágenes que te produjeron el mayor placer. Eric recordó cuando Pandora lo atrajo hacia su cuerpo como si ella simplemente tuviera que hacer el amor con él. Vuelve a vivir el episodio recordando cada detalle. Tú puedes tener la misma confianza en tu sexualidad si tan sólo fueras capaz de desarrollar confianza en tu propia sensualidad.

Puntuación de 6 a 10 puntos:

Moderado potencial de pasión

Sientes reservas respecto a abrirte ante tu amante. No olvides que a las personas les gusta saber qué es lo que te enciende, qué podrían hacer para complacerte y qué es lo que te gusta hacerles. Ten confianza acerca de comunicarle tus necesidades a tu amante. Prueba algunos de los ejercicios sensuales que han sido diseñados para ayudar a fortalecer la comunicación sexual, descrita en relación al sueño que tuvo Penny (ver las páginas 154-155) o los ejercicios sensuales diseñados para ayudarte a fortalecer la confianza con tu amante (ver la página 70).

Estrategias sensuales

Usa las imágenes de tus sueños para desarrollar nuevas estrategias sexuales. Conforme tu subconsciente desarrolle nuevas posibilidades, pruébalas con tu amante en la vida real. Por ejemplo, Eric podría pedirle a su próxima amante que le dijera paso a paso qué le gustaría que le hiciera, interpretando el papel de guía, de la misma manera en que Pandora le había indicado en su sueño cómo darle placer. No sólo lograrás desarrollar la comunicación sensual con tu amante al usar esta estrategia, sino que también podría resultar sumamente erótico.

Puntuación de 1 a 5 puntos:
Bajo potencial de pasión

Sin duda, ciertas actitudes sexuales negativas impiden que desarrolles tu pleno potencial de pasión. Lee los ejercicios sensuales que se brindan en el caso clínico de Mary (ver las páginas 142-143) para ayudarte a desarrollar actitudes sexuales positivas. Trata de ayudar a tu amante, quizá preguntándole cuáles son las actividades sexuales en las que piensa. Practica por tu cuenta qué es lo que te gustaría decirle a tu amante.

Simplemente buenos amigos

"Soñé que debía encontrarme con Dave para salir esa noche. Me apresuré para estar lista y llegar a su casa a tiempo. Cuando llegué, él estaba envuelto en una toalla. Yo estaba ansiosa y le dije que se apurara. Una vez que se vistió, lo conduje a la recámara diciendo que íbamos a pasar una gran noche "fuera" (a pesar de que la íbamos a pasar adentro). Él estaba indeciso y yo le decía: "Ven aquí o llegaremos tarde". De pronto nos encontramos sobre su cama y Dave me hacía el amor "estilo perrito", por detrás. Yo me sentía realmente muy excitada y hablaba sin parar acerca de no "haberlo hecho antes" y de "cuánto hemos perdido". Continuamos en ese orden de cosas, con Dave gozándome como loco —era un encuentro sexual sumamente vigoroso. El compañero que compartía el departamento con Dave entró al cuarto y dijo: "Oh, son ustedes" y continuó parloteando como si todo fuera muy normal. A continuación, Dave dio la vuelta y se colocó con la espalda contra el colchón. Me colocó encima de él, sólo que mi espalda contra su pecho. Le dije que nunca antes había hecho eso y él me preguntó: "¿Y qué, te gusta?"

Trasfondo e interpretación

Melanie había estado muy cerca de Dave desde que se habían conocido en la universidad hacía tres años. Era la primera ocasión que Melanie había tenido un amigo íntimo. Jamás había considerado que Dave fuese atractivo sexualmente, pero lo estimaba mucho como amigo y solía pasar mucho tiempo a su lado. Esto había ocasionado problemas en su relación anterior, ya que su ex novio era una persona excesivamente posesiva. No pensaba que los hombres y las mujeres pudiesen ser "simplemente amigos" y le preocupaba que, de manera secreta, Dave y Melanie se gustaran. Melanie jamás le contó esto a Dave, pues no quería que él se preocupara por su relación. Aunque ella no podía hablar por Dave, Melanie sabía bien que él no le gustaba. Como consecuencia, su sueño erótico la incomodó.

Análisis del sueño de Melanie

Las primeras imágenes oníricas descubren a Melanie preparándose para encontrarse con Dave, tal y como es su costumbre. Su subconsciente aún no ha comenzado a revelar imágenes que proyecten dudas acerca de los verdaderos sentimientos o del significado de su sueño. Que encuentre a Dave envuelto en una toalla refleja la angustia que sintió siempre que se vio obligada a explicar su relación con Dave a su ex amante. Melanie siente entonces la necesidad de apurar a Dave, lo cual es otra imagen que lanza su subconsciente para indicar su ansiedad: está impaciente por seguir adelante con su vida, pero su subconsciente le está diciendo: "Antes que nada, debes aclarar qué es lo que sientes." Entonces, el sueño da un giro aparentemente absurdo.

Que Melanie conduzca a Dave hacia la recámara para pasar una "noche fuera" simboliza el vínculo cercano que ella siente con él: lo está introduciendo al corazón de su espacio personal. Inmediatamente, Melanie sueña que se encuentra sobre la cama con Dave, que le está haciendo el amor por detrás. Éste es un mecanismo protector que ejerce su subconsciente. Aligera la carga emocional de la posibilidad de que su ex novio haya tenido razón al sugerir que Dave y Melanie quizá se sentían atraídos sexualmente. Esto lo logra al impedir que se vean cara a cara. Cuando Melanie "habla sin parar" acerca de no haber hecho esto antes, en realidad simboliza más su necesidad de acercarse a Dave emocionalmente que a tener una relación sexual. Lo anterior alude a la carga que llevaba al no darle a conocer a Dave los problemas que tenía con su ex por su causa. Su mente le está diciendo que debía haber compartido sus problemas más profundos. La vigorosa sesión sexual se debe a su subconsciente, que vincula la profundidad y la fortaleza de su amistad con las sugerencias sexuales hechas por su ex amante. Nuestra mente muchas veces conecta distintos sentimientos de gran intensidad y los une bajo la forma de imágenes oníricas. Cuando el amigo que comparte el departamento entra y les habla de manera normal, se revela que el sexo no es realmente sexo, sino sólo una conexión sumamente intensa. Dave la hace girar para que la espalda de Melanie toque su pecho y, de esa manera, siguen sin verse a la cara mientras hacen el amor. Cuando habla de que jamás había probado esta posición, es su subconsciente que simplemente le está diciendo que nunca ha tenido un amigo tan cercano con el que se hayan presentado ciertas "dificultades". Aunque Melanie siente un gran cariño por Dave, las imágenes sexuales de su sueño simplemente contienen mensajes acerca de la importancia de mostrarse absolutamente sincera con un amigo tan cercano.

Solución del problema

Las personas frecuentemente tienen sueños eróticos con sus amigos. En algunos casos, los sentimientos intensos de amor amistoso logran encender el deseo sexual. Gracias a que les atrae mucho la personalidad de un amigo, es posible que también alberguen por él sentimientos de atracción sexual. En otros casos, como el de Melanie, las imágenes eróticas de su sueño pueden contener mensajes sobre la amistad. Es importante que si se descubren sentimientos desconocidos hacia un amigo, se examine el contexto de amistad y se decida si se quiere que esa persona lo sepa o no.

Después de analizar su sueño, Melanie se sintió segura de no albergar sentimientos románticos por Dave. Sin embargo, decidió mostrarse honesta con él en todos los aspectos. Esto incluía hablar de los problemas que había tenido con su ex amante a causa de la amistad que los une. Resultó que Dave había tenido un problema semejante con una mujer con la que había salido casualmente durante unas cuantas semanas; ella siempre le hacía preguntas acerca de su amistad con Melanie. Después de hablar, se pusieron de acuerdo que, en lo futuro, todas sus parejas sabrían lo que Melanie y Dave sienten por el otro: ¡una verdadera amistad!

¿Sientes atracción sexual por tu amigo?

Con el fin de descubrir tus verdaderos sentimientos respecto a un amigo o amiga del sexo opuesto, contesta sí o no a las siguientes cinco preguntas:

1. ¿Sientes celos cuando tu amigo o amiga sale con alguien?
SÍ/NO

2. ¿Tienes fantasías de que haces el amor con tu amigo o amiga?
SÍ/NO

3. ¿Alguna vez has tenido contacto sexual con tu amigo o amiga, especialmente después de haberse tomado unas copas?
SÍ/NO

Temas relacionados

Tu amigo sugiere que tengan relaciones sexuales

Si en tus sueños has sentido placer cuando tu amigo sugiere que hagan el amor, en realidad estás proyectando a la figura de tu amigo tus propios sentimientos. Tu subconsciente ha invertido la situación, de manera que tu amigo deba dar los primeros pasos cuando, en realidad, eres tú quien desea hacerlo.

Si estas imágenes te provocan ansiedad, entonces indican que tu subconsciente ha detectado que tu amigo alberga sentimientos de deseo sexual hacia ti y que estos sentimientos no los compartes.

4. ¿Alguna vez alguien ha comentado que ustedes dos deberían andar juntos?

sí/no

5. ¿Acaso coqueteas con tu amigo o amiga?

sí/no

Si contestaste afirmativamente a tres o más preguntas, entonces es posible que albergues un deseo secreto por tu amigo. Este número de respuestas afirmativas te lleva más allá de la curiosidad normal que los amigos sienten. Por ejemplo, es común preguntarse cómo será tu amigo en la cama, pero si sientes celos cuando sale con alguien más y

Tratar que tu amigo se acueste contigo

Si sueñas con una imagen onírica intensa en la que tratas de lograr que tu amigo se acueste contigo, implica un poderoso símbolo de tus deseos básicos. Sin embargo, si, como sucede en el sueño de Melanie, tu amigo interpreta un papel igualmente importante, entonces las imágenes del sueño serán menos poderosas.

Encontrar a tu amigo en tu cama

Éste es un símbolo sutil de tu subconsciente que indica que albergas sentimientos mucho más profundos por tu amigo de lo que imaginas.

también has tenido fantasías sensuales que lo incluyen, entonces es posible que tus sentimientos sean mucho más profundos de lo que admitías hasta este momento. Pregúntate qué es lo que te impide que sean más que amigos. ¿Temes perder la amistad si confiesas tus sentimientos ocultos? Si se maneja la situación con cuidado, en un momento en que ambos estén sobrios deberán ser capaces de hablar de sus sentimientos sin poner en peligro su amistad en caso de que tu amigo no sienta lo mismo que tú.

Relaciones sexuales en un estadio de futbol

Me encontraba en un partido de futbol, parado en medio de una multitud de fanáticos. Nos estábamos divirtiendo de lo lindo, ya que mi equipo sacaba la delantera en el juego. Su actuación era increíble y yo me sentía absolutamente emocionado. Comenzamos a cantar; me sentía muy a gusto en compañía de los que apoyaban a mi equipo. Los cánticos eran tan intensos que parecía haber truenos entre las gradas. A continuación, una mujer muy atractiva estaba echando porras a mi lado. Enviándome una sonrisa coqueta, acercó su mano y comenzó a acariciar mi pene por encima de los pantalones de mezclilla. "¿No es esto fantástico?", me preguntó. No sabía si se refería al partido o al hecho de acariciar mi pene. Yo le dije: "Sí, sí" y giré mi cara para ver la suya de frente. Tomé sus nalgas entre mis manos y la levanté hasta que quedó de pie sobre la banca. Comenzamos a hacer el amor en esta posición, cara a cara. Era tan agradable, no puedo explicarlo. Yo quería seguir y seguir. Desperté, deseando que mi sueño continuara.

Trasfondo e interpretación

Simón vivía solo cuando tuvo este sueño. Realmente gozaba de su vida de soltero tras haber salido, seis meses antes, de una intensa relación de cinco años. A Simón le gustaba salir con amigos, coquetear con mujeres, salir de vez en cuando con alguien y, literalmente, hacer lo que quisiera cuando se le viniera en gana. Sus amigos habían intentado unirlo a otras mujeres, pero estas citas no habían conducido a ninguna parte ya que, por el momento, no deseaba iniciar una relación seria. Sin embargo, se sentía un tanto frustrado en términos sexuales y echaba de menos la parte física de una relación estable.

Análisis del sueño de Simón

El hecho de que el sueño de Simón se lleve a cabo en un estadio de futbol simboliza qué a gusto se siente con su vida actual. El que su equipo esté jugando de maravilla refleja su gozo —en su sueño se siente literalmente exaltado. Simón describe la intensidad del estado de ánimo de la multitud, como estruendosa. Todos vitorean y él se siente en su elemento. Todas estas imágenes indican qué cómodo se percibe con su vida actual. Sentirse como en casa entre la multitud revela qué feliz se siente acerca de su "multitud", que son sus amigos en la vida real.

La mujer atractiva que aparece de pronto y comienza a acariciar su pene sólo demuestra que desearía que tales sueños se volvieran realidad. La mujer que actúa de manera tan atrevida representa aquello que falta en su vida y que él desea. Cuando él no está seguro si ella le está preguntando acerca del partido o acerca de las caricias que brinda a su pene, se revela cómo sus sentimientos intensos de felicidad, que están representados por el apoyo que él le brinda a su equipo favorito, se han entrelazado con sus intensos sentimientos sexuales. La respuesta que da él, "sí, sí", demuestra el entusiasmo que siente por todo lo que está pasando. Cuando él acaricia intensamente las nalgas de ella y luego hace el amor, cara a cara, muestra su disposición a tener un encuentro sexual fantástico. El hecho de sentirse tan contento y no desear que el sueño termine, constituye un fuerte indicio de que la vida de Simón es fantástica, pero que él alcanzaría niveles supremos de felicidad si también tuviera una mujer con la cual pudiera hacer el amor apasionadamente.

Temas relacionados

Tener relaciones sexuales mientras se lleva ropa deportiva

Si esta imagen se acompaña de un estado de angustia, entonces tu subconsciente vincula la actuación con el sexo. El sexo con tu búsqueda de la satisfacción sexual no tiene que ver con tu actuación. Aléjate de tu actual manera de hacer el amor y aprende a liberarte. En vez de concentrar tu atención en el resultado final, piensa en el placer mientras tú y tu pareja jugueteen sensualmente o cuando hacen el amor.

Hacer el amor en un estadio vacío

La soledad de tal imagen simboliza tu ansiedad o culpabilidad respecto a un encuentro sexual reciente o una relación amoro-

¿Tus fantasías enriquecen tu vida sexual?

Evalúa qué confiado te sientes de usar tus fantasías para enriquecer tu vida sexual al contestar las siguientes cinco preguntas. Cada pregunta tiene tres respuestas opcionales. Anota tres puntos por cada respuesta a, dos puntos por cada respuesta b, y un punto por cada respuesta c.

1. ¿Con cuánta frecuencia sueles incorporar algo que te han contado (quizás un encuentro sexual) a tu vida fantasiosa?

sa. Pero si esta imagen se ve acompañada de un sentido asombroso de aventura, entonces refleja tus deseos sexuales más atrevidos.

Mantener relaciones sexuales en un gimnasio, usando equipo deportivo

Si sueñas con actividad sexual poco común, acompañada de "equipo deportivo", puede significar que anhelas mantener una actitud más abierta al hacer el amor o que deseas poner en práctica actividades poco comunes.

a) Frecuentemente descubro que mi mente vaga hacia pensamientos eróticos después de que alguien me ha hecho un relato sexual.

b) Podría suceder si la historia realmente llegara a excitarme.

c) No pasaría por mi mente.

2. ¿Qué tan frecuentemente fantaseas durante un encuentro sexual?

a) Mucho.

b) En ocasiones.

c) Nunca.

3. ¿Tus fantasías siempre tratan de lo mismo?

a) No, me gusta fantasear acerca de toda clase de cosas.

b) Existe cierta variedad en mis fantasías.

c) Siempre fantaseo mis cosas.

4. ¿Te sientes confiado de compartir tus fantasías con un amante?

a) Me encanta relatar los detalles jugosos.

b) Si a él o ella le gusta, lo haría.

c) Jamás hablaría de fantasías sexuales.

5. ¿Qué sentirías si, de repente, tu amante comenzara a describir una fantasía?

a) Me sentiría tremendamente excitado.

b) Probablemente no tendría problema.

c) Me sentiría amenazado.

Puntuación de 11 a 15 puntos:
Alto nivel de fantasía

¡Has aceptado que la vida puede ser divertida! Te das cuenta de que tus fantasías sexuales pueden enriquecer tu vida sexual. No te sientes culpable de tu mente creativa y no te sientes amenazado si tu amante comparte sus fantasías contigo.

Puntuación de 6 a 10 puntos:
Moderado nivel de fantasía

Tienes cierta confianza cuando se trata de tu vida sexual, pero es posible que te estés perdiendo de la diversión. Si no has compartido una fantasía con tu amante actual, comienza a preguntarle sobre la suya, ¿ha fantaseado algo recientemente? ¿Dicha fantasía te incluye? Pregúntale si le gustaría que describieras con delicioso detalle alguna fantasía que hayas tenido recientemente. Probablemente descubrirás que ambos se excitan sexualmente al contarse historias fantasiosas.

Puntuación de 1 a 5 puntos:
Bajo nivel de fantasía

Sin duda, guardas opiniones negativas respecto a las fantasías sexuales. No hay nada vergonzoso en usar tu imaginación para procurarte placer sexual. Puedes fantasear acerca de hacer el amor en lugares poco comunes o en posiciones nuevas. Al compartir dichas fantasías, tú y tu amante pueden intentar nuevas maneras de hacer el amor. Prueba algunos de los ejercicios sexuales que nutran tu sexualidad (ver las páginas 76-77).

Solución del problema

El sueño de Simón presenta imágenes intensas que sólo indican su satisfacción general respecto a la vida que lleva. Ya que se siente hasta cierto punto frustrado, no es sorprendente que mantenga relaciones sexuales excitantes con una mujer extraña y atractiva. Estos sueños absurdos muchas veces representan una confusión de sentimientos, la razón por la cual aparentan ser extraños. Si experimentas emoción por una etapa particular de tu vida, quizá tu subconsciente pueda vincularla con poderosos sentimientos sexuales al emplear imágenes exóticas. Simón pensó que podría incorporar sus emocionantes imágenes en futuros juegos sexuales en compañía de una nueva amante.

Desnudarse en público

Nos encontrábamos en un bar de la localidad, nuestro grupo estaba allí junto con mi compañero Nate. De hecho, parecía como si nos hubiésemos adueñado del lugar. Nate pidió unos tragos diciendo: "¿Adónde fue la mesera?" Yo dije: "No te preocupes, puedo encargarme del bar." A continuación, yo sostenía una charola con tragos. A medida que dispensaba las bebidas, Nate me tocó en un sitio entre mis piernas. No pensé que fuera un acto extraordinario. Él dijo: "¡Te ves muy bien!" Respondí: "¡No sabes qué tan bien!" Yo actuaba como si fuese otra persona. Me trepé sobre la barra y comencé a desnudarme lentamente. Todos gritaban: "¡Más, más!" Me movía sensualmente y agitaba mi cuerpo de manera burda. Me desnudé hasta quedarme sólo con un cinturón que ceñía mi cintura. Permanecí de pie con las piernas abiertas y moviendo mis caderas en círculos cadenciosos. Todos, incluso las mujeres, parecían ansiosos por tocarme. Yo decía: "Adelante, tóquenme mientras puedan." Me sentía sumamente excitada. Desperté sintiéndome todavía excitada, pero ya que nunca me desvisto frente a nadie, ni siquiera frente a Nate, me pareció que mi sueño era extraño e impactante.

Trasfondo e interpretación

Nancy ha estado con Nate desde hace tres años y han hablado acerca de contraer matrimonio. Gozan de una vida sexual activa en la que Nate es la figura dominante. Nancy siempre ha sido un poco tímida y está feliz de seguir el ritmo sexual que Nate impone. Ella no se siente bien al caminar desnuda frente a él o al emplear posiciones sexuales en las cuales siente que su cuerpo queda demasiado expuesto. Nate piensa que Nancy es hermosa y debería estar orgullosa de su cuerpo. Él le dice que si ella tan sólo lograra liberarse de sus inhibiciones, ambos podrían gozar de mayor placer erótico.

Análisis del sueño de Nancy

El sueño de Nancy se lleva a cabo en un sitio que le es familiar y en el que ella se siente totalmente a gusto. Está rodeada por los amigos de siempre, quienes parecen adueñarse del lugar, esto indica que no hay personas extrañas allí. No hay ninguna "mesera", lo cual demuestra que el subconsciente de Nancy desea estar completamente cómodo en ese ambiente. Entonces, Nancy sugiere que ella se "encargará del bar" (algo que nunca ha hecho). Esta imagen onírica, ligeramente absurda, indica que su subconsciente es el que la empuja a una situación en la que inevitablemente atraerá la atención.

Al tiempo que ella interpreta su nuevo papel —la nueva Nancy— como mesera, Nate extiende su mano y toca su entrepierna. Esto simboliza el subconsciente de Nancy, que anhela mostrarse ante él. Gracias a la broma sexual en la que Nate comenta que ella se ve bien y Nancy responde coquetamente, se revela su deseo subconsciente de tener mayor confianza en su sexualidad. Desnudándose encima de la barra, todos permiten que Nancy se mantenga aparte del grupo de amigos; éste es un mecanismo protector. Ella comienza a desnudarse lentamente, propiciando que la tensión sexual crezca. Tal es la sensualidad que experimenta Nancy, ya que en su sueño la multitud pide más a gritos. Esto simboliza también su profundo anhelo de ser vista como un ser deseable. El hecho de que abra sus piernas con semejante confianza indica que ella desea que otras personas puedan ver otro

Ejercicios sensuales

Describir las imágenes oníricas

Algunos individuos que carecen de confianza sexual sienten que es más fácil comentar las imágenes sexuales que se originan en sus sueños que describir sus propias fantasías. Esto se debe a que pueden distanciarse de sus imágenes oníricas aduciendo que están fuera de su control. Si te es difícil hablar de tus fantasías, entonces usa un sueño sensual para iniciar la conversación con tu amante. Puedes decir: "¡No puedo creer el sueño que tuve!", como si fueras ajeno a tales pensamientos (a pesar, por supuesto, ¡de que tu propia mente lo ha creado!),

aspecto de su personalidad. Cuando le dice a la multitud: "Adelante, tóquenme mientras puedan", su subconsciente continúa desarrollando la sensación de sentirse fantástica controlando su naturaleza sexual.

Solución del problema

Explorar imágenes oníricas eróticas aparentemente absurdas puede arrojar luz sobre tu ser sexual. El comportamiento sexual de Nancy en su relación y el hecho de que ella realmente desea adquirir mayor confianza en el aspecto sexual revela que, en el contexto de sus sentimientos, las imágenes oníricas son lógicas y no absurdas. Sirven para hacer evidente su potencial sexual y otro aspecto más de su

antes de continuar describiendo las actividades sensuales que ocurrieron en el sueño.

Ejercicio onírico Clímax erótico

Nancy usó este ejercicio (ver la página 50) para visualizar cómo sorprende a Nate con su comportamiento sexual pleno de confianza. Relajada y de noche, ella puede yacer en su cama imaginando un sueño en el que nuevamente toma el papel dominante, tal y como sucedió en el sueño en el que se desnudó. Ella quería regresar a ese espacio de liberación sexual cuando se quedó dormida.

identidad sexual, que es ocultado por su timidez. Por supuesto, ella no desea convertirse en nudista, sino gozar de una plena libertad en la relación sexual que comparte con Nate.

¿Qué tanta confianza tienes en tu sexualidad?

Para descubrir cuánta confianza tienes en tu sexualidad, contesta si o no a las siguientes cinco preguntas:

1. ¿Si un amante criticara tu actuación en la cama, serías capaz de soportarlo?
   SI/NO

2. ¿Estás dispuesto a dar el primer paso para iniciar un encuentro sexual en una nueva relación?

SI/NO

3. ¿Eres capaz de gozar de sesiones amorosas que te pongan en peligro de alguna manera?

SI/NO

4. ¿Le preguntarías a tu amante de qué trata una petición o sugerencia sexual?

SI/NO

5. Nunca he detenido un encuentro sexual porque no me sentí lo suficientemente hábil o sensual.

SI/NO

Tres o más respuestas afirmativas:
Alto grado de confianza sexual

Tienes la suficiente confianza sexual como para gozar libremente de tu vida erótica, particularmente si contestaste si a la pregunta número 1: los amantes muchas veces pueden mostrarse faltos de tacto o juzgan sin causa. Si tú tienes confianza suficiente como para soportar eso, haces bien. Soportar puede significar que les digas que están equivocados o aceptar críticas que sean válidas y ayuden a modificar tu comportamiento sexual.

De cero a dos respuestas afirmativas:
Bajo nivel de confianza sexual

Necesitas fortalecer tu confianza sexual. Ya es tiempo de que creas en ti lo suficiente como para expresar tus sentimientos, necesidades y deseos. Prueba algunas autoafirmaciones diarias para incrementar tu confianza en términos generales. Recuerda tus cualidades. Cuando comience a hablar esa voz negativa que habita tu interior (por ejemplo: "mi pareja realmente no me considera sensual"), reemplázala con una voz positiva. Visualiza tu yo sensual como una diosa o dios, en un trono rodeado de admiradores. Toma unos cuantos minutos al día para visualizar esta imagen.

Pregúntale a tu amante qué es lo que haces mejor. Recibir un cumplido sexual puede incrementar tu confianza. Prueba, en compañía de tu amante, un ejercicio sensual que ha sido diseñado para incrementar la confianza sexual (ver la página 70). O desarrolla una técnica sorpresiva que enloquezca a tu pareja. Quizá puedas poner en práctica nuevas técnicas mientras le brindas sexo oral.

Hacer el amor con un maestro o una maestra

Me encontraba en mi vieja escuela preparatoria, en la que nunca fui feliz. Había una enorme cantidad de estudiantes, pero nadie que yo conociera. Me senté sobre una de las bancas para ver el mundo pasar. Luego vi a mi viejo maestro de inglés, el señor Baggs, quien siempre había sido amable conmigo y se caracterizaba por su cabello grasoso. Todos los estudiantes solían llamarlo "el grasoso". Comenzamos a reírnos acerca de los viejos tiempos. Yo fui honesta y le dije, "Usted no era guapo, pero era muy amable." Y, de la nada, de pronto le dije que había estado un poco enamorada de él. El señor Baggs aceptó esto y dijo que siempre había deseado enseñarme los "hechos de la vida". Levantó mi blusa y comenzó a acariciar mis pechos. De pronto, ambos tratábamos de quitarnos la ropa mutuamente. Comen-

203

Ejercicios sensuales

Siete días de exploración sensual

Muchas personas pierden la maravillosa posibilidad de tomar el tiempo necesario para explorar su sensualidad. Van muy rápido y entran a una vida sexual agitada. Esto puede ser perfecto para quienes poseen gran conciencia sexual y pueden satisfacer sus necesidades eróticas, pero no es tan bueno para las personas que jamás han explorado su yo sensual. Lisa podría haber disfrutado de una relación más completa y más excitante con Jim si primero hubiese obtenido este conocimiento sobre su propia sensualidad.

Sería benéfico para la relación que tú y tu pareja se pongan de acuerdo en aumentar paulatinamente el nivel de excitación sexual entre ustedes durante una semana, sin incurrir en la penetración. Durante la primera noche deberán compartir un delicioso baño de tina, iluminado por luz de velas y aromatizado con aceites para aromaterapia, pero no deben tocarse. Durante la segunda velada, deberán masajearse uno al otro de manera sensual. Traten de descubrir los puntos erógenos de cada uno, esas áreas especiales de su cuerpo en las que tienen una mayor

cé a besarlo apasionadamente, le di un beso profundo y penetrante, totalmente distinto a cualquier beso que haya dado en toda mi vida. La lluvia comenzó a caer como una gran cascada. Estábamos empapados, lo cual era fantástico. Ya para este momento, hacíamos el amor

sensibilidad. La tercera velada dedíquenla a bromas sexuales. Cuéntense historias que promuevan la excitación sexual. Durante la cuarta noche, prueben "plumearse": túrnense en rociar sus cuerpos con aceite y luego recorrer la pluma en torno a las zonas erógenas de ambos. Durante la quinta velada traten de tocarse, sólo que sin usar las manos. Pueden servirse de las pestañas, la nariz, el pecho, las caderas y las piernas. Deslícense por el cuerpo de su amante, enloqueciendo al otro con estas nuevas sensaciones. Durante la sexta velada, aliméntense mutuamente con un festín sensual que contenga alimentos afrodisíacos. Armen un picnic sobre el piso de la sala y con sus dedos alimenten al otro, ofreciéndole toda clase de delicias que harán que su imaginación vuele. En esta última noche, continúen excitándose mutuamente, vistan de manera provocativa o incluso desnúdense sensualmente frente a su amante. Para ese momento, ambos estarán dispuestos a satisfacer sus necesidades mutuas. Esta semana de sensualidad seguramente les brindará mucho conocimiento acerca de su amante y de sí mismos.

sobre la banca. Sin embargo, en unos cuantos momentos le dije que habíamos terminado y me incorporé para irme.

Trasfondo e interpretación

Lisa había experimentado el rompimiento de una relación sexual que le había hecho recordar todos los sentimientos de duda sobre sí misma, los cuales había sentido por última vez en la escuela preparatoria. A pesar de ser una estudiante más o menos aplicada, a Lisa nunca le había gustado mucho la escuela, ya que sentía que era impopular entre los demás estudiantes. Era lista y estudiosa, pero demasiado callada como para ser incluida por los demás en sus viajes de compras o en las pijamadas. No tuvo novio hasta que fue a la universidad. Incluso sus primeros novios habían sido más sus amigos que sus parejas y no habían tenido relaciones sexuales.

Pero con Jim las cosas fueron distintas. Ella había perdido su virginidad con él y había sido muy feliz en la relación. Cuando rompieron —por iniciaiva de Jim— afloró la cruel verdad: Jim siempre la había encontrado un tanto aburrida, ya que ella se entregaba demasiado a su trabajo y resultaba poco excitante en la cama. Este comentario había destrozado a Lisa, pues había pensado que Jim gozaba la relación tanto como ella y cayó en un estado de profunda depresión, sintiéndose tan mal como cuando iba a la escuela preparatoria.

Análisis del sueño de Lisa

Al desarrollarse en la antigua preparatoria de Lisa, con los mismos detalles excepto los estudiantes que habían estudiado allí al mismo tiempo que ella, el sueño volvió a revelarle lo infeliz que se había sentido en esa época. Sus días de estudiante habían sido poco inspirados y siempre se había sentido excluida, por eso no encontró ningún rostro conocido en su sueño.

Al sentarse en la banca para ver el mundo pasar, se refuerza el mismo sentido de distancia entre Lisa y "los hechos de la vida". El hecho de que el señor Baggs haya sido incorporado al sueño, simboliza la conexión que Lisa sintió con él cuando estudió en esa escuela. Al igual que ella, el maestro era una persona amable, pero no popular y durante su estancia en la escuela ella había sentido cierta empatía hacia él. La revelación que hace Linda acerca de su atracción por él indica su necesidad de ser aceptada, pues él es una persona con la que ella fácilmente pudo crear un vínculo.

Su anhelo por aliviarse de la desilusión emocional que sufrió a causa del rechazo de Jim la abruma y ella le dice al maestro que le gusta. El señor Baggs, a su vez, quiere enseñarle a Lisa los "hechos de la vida", lo cual es una clara referencia al comentario de Jim acerca de que Lisa no es buena en la cama: ella siente que necesita un maestro. La imagen onírica del señor Baggs cumple dicha necesidad. Él comienza a acariciarla y, al hacerlo, logra desencadenar los sentimientos eróticos más profundos que ella hubiera deseado revelar a Jim.

El beso apasionado representa su liberación de ese pasado aburrido. La profusa lluvia simboliza la purificación de ese sentimiento de duda sobre sí misma y la expresión de sus deseos sexuales reprimidos. Hacen el amor bajo esta maravillosa cascada. Entonces Lisa realmente comienza a dominar la situación. Su subconsciente desea darle poder y autoridad en cada aspecto de su vida, y ella, de manera abrupta, hace que la sesión erótica llegue a su fin.

Solución del problema

Al despertar, Lisa intentó borrar de su mente lo que ella consideraba imágenes repulsivas de ella haciendo el amor con el señor Baggs, el del cabello grasoso. Sin embargo, al reflexionar sobre el asunto, fue capaz de ver cómo esas imágenes se vinculaban con sus sentimientos recientes acerca de sí misma y su relación con Jim.

Se dio cuenta que era hora de aceptar partes de su vida que la hacían feliz y de cambiar aquellas que no le gustaban. Algo que deseaba cambiar era asumir mayor control sobre su vida íntima. Ella deseaba sentir confianza para desempeñar un papel activo con cualquier novio futuro, en vez de repetir el papel pasivo que desempeñó al lado de Jim.

bargo, si la experiencia es desagradable y está acompañada de un estado de angustia, simboliza un sentido de culpa acerca de tu relación sexual. Literalmente, estás siendo cubierto de lluvia sucia, que te empapa y ahoga.

Mantener relaciones sexuales con una figura autoritaria de tu pasado

Si has asumido un papel dominante al hacer el amor, entonces esto significa un punto de transición en tu desarrollo personal. Si la imagen de tu sueño te asigna un papel sumiso, esto indica que aún persiste cierta vulnerabilidad sexual a pesar de que no hayas podido reconocer su presencia.

3. Directorio de sueños

Potencialmente, existen tantas imágenes oníricas eróticas como personas que sueñan, por lo cual sería imposible proporcionar un directorio exhaustivo de sueños eróticos. Por lo tanto, he seleccionado las imágenes que parecen ser más comunes en los sueños de tipo sexual, es decir, los sueños en los cuales sientes tensión, liberación o placer sexual, aunque las imágenes individuales sean o no abiertamente sexuales. También he incluido posibles interpretaciones de una variedad de emociones o sentimientos que pueden permear un sueño sin imágenes.

Las imágenes de tu sueño proporcionan el punto de partida para analizar su significado erótico y, a pesar de que son importantes en sí mismos, debes ubicarlos en el contexto general de tu vida onírica y sexual, con el fin de llegar a la interpretación correcta. Por ejemplo, quizá dos personas tengan un sueño en el que una serpiente se enrolla en torno a sus genitales, pero el significado de esta imagen puede ser completamente distinto para cada una de ellas. En el primer caso, la imagen se acompaña de un sentimiento de angustia o de temor, así que probablemente simboliza que el soñador está siendo asfixiado sexualmente: es decir, se siente amenazado y vulnerable. En el segundo caso, la imagen se acompaña de placer sensual y entonces lo más probable es que simbolice el placer erótico que la persona está experimentando, quizás en compañía de un nuevo amante que sabe tocar maravillosamente.

Simbolismo natural y ambiental

Los lugares donde se desarrollan tus sueños, desde los paisajes montañosos hasta el templo griego de la antigüedad, y la atmósfera que baña tu sueño, desde la bruma hasta la brillante luz solar, pueden revelar mucho acerca de tus sentimientos respecto a la actividad dentro de tus experiencias oníricas. Muchas veces, los animales que aparecen en tu sueño, particularmente los pájaros, tienen un significado simbólico preciso.

Animales

Pájaros

Sostener un pájaro. Si en tu sueño obtienes placer al sostener y acariciar un pájaro, significa que tienes el deseo de hacer el amor con ternura.

Un pájaro picotea tu cuerpo. Esta imagen refleja infelicidad respecto al sexo. Es posible que sientas que un amante te exige demasiado.

Volar y planear encima o en compañía de un pájaro. Esta imagen simboliza el éxtasis sexual y su significado es similar al que se deriva de volar por cuenta propia (ver Temas de vuelo, página 146).

Gatos

La imagen sigilosa de un felino simboliza que disfrutas tu ser sexual. Literalmente, representa el "gato que se comió la crema" —o el hombre o la mujer que están sexualmente satisfechos.

Felinos grandes

Las imágenes oníricas eróticas que incluyen felinos grandes (leones y tigres) indican que el aspecto más salvaje de tu naturaleza está tratando de liberarse. Un sueño en que aparecen felinos de gran tamaño, y que es citado con frecuencia, es aquél en el que el soñador se prodiga placer a sí mismo mientras un felino grande camina en círculo alrededor suyo. Sin embargo, si esta imagen le produce angustia al soñador, el felino posiblemente simbolice al compañero erótico como un depredador sexual; también puede significar que el soñador se ve a sí mismo como una víctima asustada.

Caballos

Los caballos constituyen una imagen onírica erótica bastante común. Sin duda, esto se debe al enorme sentido de poder que un caballo inspira gracias a su movimiento. Debido a que los sentimientos sexuales son muy poderosos, por lo regular el caballo se convierte en una imagen velada, ideal en los sueños sexuales.

Un caballo que repara: ver el sueño de Fiona, página 107.

Ser hociqueado por un caballo: ver el sueño de Fiona, página 107.

Cabalgarlo: ver el sueño de Fiona, página 107.

Acariciar un caballo: ver el sueño de Fiona, página 107.

Ser tirado por un caballo: ver el sueño de Fiona, página 107.

Serpientes

La naturaleza ondulante y sensual de las serpientes las convierten en imágenes oníricas bastante comunes. Se puede sentir miedo ante la presencia de una serpiente en el sueño; también es posible que la serpiente propicie un delicado placer sensual.

La imagen aterradora de una serpiente. Una mujer que sueña con una serpiente que le causa angustia está siendo minada por su temor al sexo en cierto nivel. Puede ser que le cause preocupación su amante actual o que le tema a las relaciones sexuales en general. Un hombre que sueña con una serpiente que se asocia a sentimientos desagradables, posiblemente sienta angustia por su comportamiento sexual.

Sostener una serpiente. Literalmente, simboliza sostener el pene de un hombre. Es posible que te gustaría tocar al sexo de un hombre o que recientemente lo hayas hecho y que en tu sueño estés recordando esto.

Imagen placentera de una serpiente. Una mujer que esté gozando de un contacto íntimo con una serpiente, está usando a la serpiente para velar sus verdaderos deseos sexuales. Un hombre que sueñe con una imagen semejante, quizá padezca de sentimientos homosexuales ocultos.

Imágenes de animales poco usuales

En algunas ocasiones, los sueños eróticos contienen imágenes de animales exóticos. Éstos pueden constituir el trasfondo de un paisaje onírico sexual, o es posible que tomen parte en la actividad sexual. Tales imágenes exóticas generalmente reflejan el placer del sexo y/o un anhelo de explorar un territorio sexual desconocido.

Paisajes

El paisaje o los paisajes oníricos que conforman el trasfondo de tus sueños sexuales contiene una enorme cantidad de claves respecto a lo que sientes acerca de ti mismo y el nivel sexual de tus relaciones.

Paisajes desérticos

La desolación opresiva de la mayoría de los sueños que contienen paisajes desérticos simboliza que no se han cumplido tus deseos en tu relación íntima. El paisaje estéril, la resequedad y el calor son frecuentemente acompañados por la soledad o los anhelos del soñador.

Muchas veces, el soñador desea llenar el paisaje con el fin de lograr la sensación de ser. Busca en vano otros signos de vida, muchas veces descubriendo que todo se vuelve más lento a medida que continúa la búsqueda. Esa sensación de querer llenar el paisaje representa el deseo literal que tiene una mujer de ser llenada por un hombre o, en caso de que el soñador sea hombre, su deseo literal de llenar a una mujer.

Un rompimiento reciente: Si te has separado de tu amante hace poco tiempo, un paisaje desértico representa la soledad que vives. También es un indicador de lo adormecidos están todos tus sentidos en este momento, en que no has podido generar un ambiente más vivaz. La imagen podría denotar un profundo estado de depresión. Realiza el ejercicio onírico "Tu naturaleza sensual", que se describe en la página 45, para introducirte una mayor vivacidad en tu vida consciente, así como en la onírica.

Un nuevo romance. Soñar con un desierto puede significar que no te sientes tan comprometida con tu nuevo amante en el ámbito sexual, como aparentas con tus acciones. El subconsciente nos lanza a veces paisajes estériles para representar sentimientos semejantes. Si en tu relación sexual tienes sentimientos que no se relacionan directamente con un verdadero deseo sexual y con la necesidad de mantener una intimidad, entonces debes encarar esta situación. Si tu nuevo amante busca en ti algunos signos de compromiso, el que sueñes con un desierto significa claramente que aún no estás preparado para asumirlos.

Recordar una visita. Si acabas de regresar de unas vacaciones en un país caliente y seco, tu sueño podría ser interpretado como una evocación del entorno del lugar. Sin embargo, al recrear el lugar que visitaste, si faltan muchos detalles, puede representar un vacío en tu fuero interno.

Paisajes marinos

Los paisajes marinos pueden variar mucho, desde olas estruendosas en medio del océano hasta tranquilas aguas tropicales. Generalmente, los paisajes marinos que aparecen en los sueños representan emociones y pasiones. Dentro de esto, existen muchos niveles de significado, de acuerdo con el tipo de paisaje marino.

Las aguas tumultuosas y las olas que se rompen estrepitosamente simbolizan que tu vida interior está caracterizada por un fuerte nivel de conflicto. Posiblemente, tienes problemas con tu pareja y la cama se ha convertido en el campo de batalla. Tal vez te inquiete tu frustración sexual. Las aguas más tranquilas indican que tus necesidades sensuales están siendo satisfechas. La sensación de flotar placenteramente que acompaña estas aguas, indica un estado de satisfacción.

Algunos paisajes marinos tienen naves o barcos. Los barcos pueden representar de manera directa tu relación íntima o, de manera más discreta, tus sentimientos o tus anhelos. También pueden simbolizar un falo que invade la escena. La vida animal o vegetal que existe debajo de la superficie muchas veces representa sentimientos ocultos. El paisaje marino de la superficie encubre el verdadero sentimiento abrumador que te embarga. También puede indicar que estás frustrado o enojado con tu amante.

Una relación funcional. Los paisajes marinos violentos indican que te sientes abrumada por las exigencias sexuales de tu amante. Es posible que seas más reprimida que él y piensas que sus exigencias son irracionales. Verse atrapada entre olas sumamente agitadas es una experiencia atemorizante y un signo de que necesitas afirmarte aún más en tu relación íntima.

Las aguas cálidas y sensuales significan que disfrutas tu vida sexual. Esto es algo muy positivo y deberías aprender a prolongar tu sueño para disfrutar del sexo plenamente. Para lograrlo, practica el ejercicio onírico "Caminos sensuales", descrito en la página 48.

Un nuevo romance. Un paisaje marino que se caracterice por su agitada actividad sugiere que te sientes amenazada por tu amante. Quizás sea el miedo a lo desconocido (no saber bien a bien qué te espera).

217

Las experiencias amatorias que comparten quizá te parezcan demasiado veloces. Cuando hay olas que se rompen estruendosamente, creando un ambiente violento, es posible que estés confundido acerca de si esta relación tiene sentido o no. Por otro lado, un mar cálido e invitador sugiere que, definitivamente, sientes gran sensualidad respecto a tu nuevo amante. No te perciben amenazado por la manera en que se desarrolla la relación. En este caso, el ritmo es el adecuado.

Paisajes boscosos

Los sueños en que aparecen bosques representan una confusión o una represión sexual. La calidad oscura y enmarañada del paisaje puede parecer prohibitivo. Es posible que tu subconsciente esté tratando de señalarte lo perturbado que te sientes debido a tus necesidades sexuales. Las personas que sueñan con bosques muchas veces se sienten culpables respecto a sus deseos. Éstos se encuentran cubiertos en el sueño por un denso follaje. La mayoría de los sueños que incluyen imágenes boscosas se acompañan de un estado de ansiedad. El bosque representa los aspectos más profundos de tu ser íntimo y puede generar sentimientos de angustia o de temor casi intolerables. Es importante que el soñador analice estos sueños, de lo contrario es posible que acabe por "enterrar" totalmente su identidad sexual y nunca llegue a experimentar una vida sexual satisfactoria. Esta persona no será capaz de aprender a liberarse al hacer el amor hasta que abra una brecha a través de esta confusión de sentimientos.

Tu amante desea probar nuevas posiciones sexuales. Cuando tu sueño se desarrolla en un bosque y tu amante ha estado tratando de agregar variedad a tu vida sexual, significa que tienes miedo de lo que podría descubrirse al hacer el amor. Para ti es como abrir la caja de Pandora, sabes que existen tesoros ocultos, pero te sientes tan culpable acerca del sexo o tan poco digno de sentir placer, que escondes tus deseos en lo profundo de un denso bosque. Éste puede ser la representación directa de tu amante que está dispuesto a absorberte, o un camuflaje para esconder tus verdaderos sentimientos eróticos.

Sueñas que eres célibe. Soñar con bosques fuera del contexto de una relación sexual debería ser analizado de inmediato y llevar a cabo acciones a partir del análisis. Los sueños en los que aparecen bosques indican invariablemente que tienes deseos sexuales muy profundos e insatisfechos porque tienes miedo de confrontarlos directamente. A muchas personas solteras no les gusta reconocer su soledad y su frustración sexual. En cambio, fingen ante el mundo que están felices con su condición. Si sueñas con un bosque, valdría la pena que te preguntaras lo satisfecho que te sientes con tu actual vida de soltero y si no estás ocultando tus necesidades. Muchas veces, las personas solteras ven la acción de masturbarse o darse placer a sí mismos como una situación triste, pero el tiempo que pases a solas podría convertirse en un tiempo de crecimiento sexual en el que explores tu cuerpo y descubras qué placeres sensuales te satisfacen mejor.

Fenómenos naturales

Ambiente brumoso/nublado: ver el sueño de Ángela en la página 69.

Lluvia: ver el sueño de Ángela en la página 69.

Tener relaciones sexuales bajo la lluvia: ver el sueño de Lisa en la página 203.

Ríos. El agua que corre velozmente es un fuerte indicador de tu deseo sexual subconsciente. El líquido espumoso y movedizo simboliza la excitación sexual, así como los fluidos corporales que le acompañan.

Resplandores o destellos: ver el sueño de Ángela en la página 69.

Riachuelos. Un riachuelo tranquilo y vivaz simboliza tu saciedad sexual. Frecuentemente, las personas suelen soñar con imágenes semejantes después de una sesión erótica satisfactoria.

Ambiente soleado y luminoso: ver el sueño de Ángela en la página 69.

Truenos: ver el sueño de Ángela en la página 69.

Texturas

Ásperas/dentadas: ver el sueño de Mary en la página 142.

Suaves y cremosas: ver el sueño de Mary en la página 142.

Acuosa o líquida: ver el sueño de Mary en la página 142.

Edificios y construcciones

Casas

Los sueños sexuales que se desarrollan dentro de tu casa llegan al corazón de tu vida sexual. Ya que tu hogar no ha sido velado, puedes interpretar de manera literal los actos sexuales que se desarrollen en ese sitio, ya sean placenteros o desagradables, que te satisfagan o no.

Las imágenes sexuales que se desarrollan en una casa desconocida, acompañadas de sentimientos de angustia, simbolizan que te sientes desapegado de tus verdaderas necesidades sexuales. Si un sueño erótico que sucede en un hogar desconocido se acompaña de sentimientos de placer, indica que en realidad deseas ser más arriesgado o que deseas tener relaciones sexuales en otra parte.

Castillos, fuertes y palacios

La grandiosidad de tales escenarios revela un deseo de llevar tus experiencias sexuales a otro nivel. También pueden simbolizar el deseo de probar escenas sexuales donde se interpreten distintos personajes; una parte tuya desea llevar a cabo algunas fantasías sexuales.

Edificios

Las imágenes sexuales que se desarrollan en edificios desprovistos de características particulares indican que los actos soñados tienen una importancia mucho mayor que el lugar donde se desarrollan. Tu subconsciente desea que centres tu atención en las actividades específicas y no en los edificios que son irrelevantes.

Edificios sin vías de escape

Si en tus sueños descubres que estás atrapado dentro de un edificio y experimentas sentimientos de frustración sexual, entonces el escenario del sueño indica lo atrapado que te sientes dentro de tu relación. Si eres soltero, simboliza lo atrapado que te sientes por tus necesidades sexuales o por las limitaciones de tu vida.

Partes de edificios

Una oficina: ver temas relativos al trabajo en el sueño de Alan en la página 134.

Una recámara fuera de lo común: ver el sueño de Bill en la página 160.

Una puerta cerrada. Querer atravesar una puerta cerrada o escuchar sonidos de naturaleza sexual detrás de una puerta cerrada, generalmente simboliza que sientes que tu amante te excluye. Por otro lado, puede significar que te niegas a aceptar algún aspecto de tu vida sexual.

Una puerta abierta. Tu subconsciente te está permitiendo ver más profundamente dentro de tu ser sexual.

Temas sexuales emotivos y velados

Muchos sueños, cuyo contenido no es abiertamente sexual, contienen ciertos símbolos tales como volar, comer o vestir ropas de cierto tipo que, de hecho, guardan una estrecha relación con algún aspecto de tu sexualidad. Algunos sueños simplemente te dejan la sensación de que contienen un significado sexual. Esta sección revela algunos de estos significados ocultos.

Sentimientos y sensaciones

En ocasiones, las imágenes oníricas pueden ser tan confusas o pueden olvidarse con tanta rapidez al despertar que sólo te queda una sensación del sueño. Si al despertar sientes intuitivamente que un sueño contenía imágenes explícitamente sexuales y no puedes recordarlas para interpretar tu experiencia onírica, sírvete de la emoción que el sueño te ha causado para deducir las implicaciones que tiene.

Ser enterrado: ver el sueño de Francesca en la página 116, para leer los temas relacionados.

Verse encerrado, tragado o sumergido: Ver el sueño de Sandra en la página 67, para leer los temas relacionados.

Sentirse tranquilo o calmado

Este tipo de sensación mientras sueñas indica la satisfacción que experimentas respecto a tu comportamiento sexual o tu relación amorosa. Ninguno de los dos necesita darle mayor brío a su vida sexual ni se sienten mal o culpables acerca de cualquier cosa que realicen en términos sexuales.

Sentirse eléctrico o alborozado

Despertarse con una fuerte energía sexual indica que te encuentras en el punto culminante de tu sexualidad y que, sin duda, has tenido un sueño erótico. Esto puede ser un reflejo del goce sexual que disfrutas en tu relación actual o un signo que tu "ser sexual" se siente confiado y está sintonizado con tus necesidades.

Experimentar miedo o ansiedad

Simboliza la falta de confianza sexual que padeces, ya sea dentro de tu relación o respecto a tu propio ser sexual. Los sueños eróticos que se caracterizan por este sentimiento son un claro mensaje de tu subconsciente de que estás entrando en un territorio que, de alguna manera, te resulta amenazador.

Sentimientos de repulsión o asco

Frecuentemente, las personas se despiertan con la sensación desagradable o "sucia" que les ha dejado un sueño cargado de insinuaciones sexuales. Lo anterior se debe al hecho de que albergan sentimientos profundamente negativos acerca de su naturaleza sexual. Si tu paisaje onírico se caracteriza por emociones semejantes, revela que sientes descontento respecto a tu comportamiento sexual. Esto puede deberse a que te hayas excedido en términos de lo que te resulta aceptable en la sexualidad o a que albergas actitudes sexuales negativas o inhibidas.

Temas de vuelo

Muy a menudo, los soñadores cuentan que han volado durante sus sueños y que esto les ha dejado una sensación tan maravillosa que quisieran no despertar jamás. Soñar que uno vuela simboliza libertad y refleja la liberación que se experimenta después de alcanzar el orgasmo. Para leer sobre temas de vuelo, ver el sueño de Mary en la página 146.

Volar acompañado de la sensación de una liberación sexual sin frenos

Simboliza el placer profundo que proviene de tu vida sexual. Potencialmente, vives un momento maravilloso en tu relación íntima.

Planear confiadamente

Refleja la confianza total que tienes en tu sexualidad, has encontrado tus "alas" sexuales. Aségurate de procurar que tu amante sienta lo mismo. El disfrute sexual se ve enriquecido cuando ambos gozan de gran confianza en su sexualidad.

Volar con miedo o angustia

Esta imagen indica que tienes dudas acerca de tu relación sexual o de tu comportamiento erótico. La acción de volar simboliza la actividad sexual, pero la angustia refleja las dudas que sientes respecto a lo que estás haciendo.

Voces

En los sueños, es muy común escuchar voces que no se acompañen de imágenes. Es posible que no seas capaz de recordar qué dicen, pero seguramente recordarás en qué tono se han dicho.

Llamar a alguien en voz alta

Una voz que parece llamarte puede simbolizar un deseo sexual no satisfecho. Si buscas en tu sueño la fuente de esta voz y al mismo tiempo experimentas una excitación sexual, entonces la voz desconocida es un mensaje que te envía tu subconsciente para incitarte a iniciar un autodescubrimiento de tu sexualidad.

Un tono regañón

Este tono de voz, acompañado de actividad sexual, refleja lo incómodo que te sientes con tu relación sexual o tus sentimientos eróticos. Tu subconsciente te está alertando respecto a los sentimientos de incomodidad que experimentas en la actualidad.

Una voz sensual: ver el sueño de Bill en la página 160.

Comida y bebida

No resulta demasiado difícil vincular el placer sexual con la comida y la bebida. Nos mantenemos vivos gracias a la comida y esto involucra nuestra boca. Las relaciones sexuales dan nueva vitalidad a nuestras vidas y también vinculan la intimidad de besar y realizar sexo oral. La comida y la bebida son muchas veces incorporadas a los actos amatorios. Los amantes se alimentan mutuamente y se coquetean al comer de manera sugestiva, así que resultan bastante comunes los sueños con imágenes de comida y bebida que tienen connotaciones sexuales.

Los festines

Comer en abundancia y con enorme placer representa el deseo de experimentar una relación sexual llena de aventura o una profunda satisfacción con tu vida sexual. El participar en un festín simboliza el apetito voraz que sientes por el placer sexual.

Dar de comer a tu amante

Simboliza tu deseo de satisfacer sexualmente a tu amante. El acto de colocar comida en su boca durante el sueño y nutrirlo de esta manera, es una imagen erótica que indica la profundidad del amor que sientes por él.

Dar de comer a un extraño

Éste es un símbolo poderoso de tu deseo de tentar a alguien a mantener una relación sexual contigo. Quizás acabas de conocer a alguien que te resulta apetecible y, en el fondo de tu mente, has estado pensando en distintas maneras de atraerlo. En tu sueño, lo seduces con el alimento del amor. No es un mal punto de partida, ya que muchas veces las personas comparten la comida o la cena como una manera de llegar a conocerse para, quizá, convertirse en amantes.

Ser conducido por alguien

Deseas profundamente ser seducido sexualmente o, si ya tienes una relación con alguien, te encantaría ser el centro de los actos sexuales. Ser "alimentado" durante tu sueño te coloca bajo la influencia de tu amante, es él o ella quien toma las decisiones, mientras tú esperas las indicaciones.

Contenedores de comida o bebidas: ver el sueño de Raj en la página 121, para leer los temas relacionados.

Imágenes de frutas

Tratar de alcanzar unas frutas que no logras cortar, simboliza una frustración sexual, ya sea dentro de una relación o debido a que actualmente no tienes pareja. Si logras cortar la fruta, significa que gozas de gran libertad sexual y que puedes escoger lo que desees sexualmente hablando. Las imágenes de frutas también pueden simbolizar los genitales femeninos —apetecibles, exuberantes y maduros—, particularmente en los sueños de los hombres.

Vestimenta

Vestimenta erótica o sensual

Si durante tu vida de vigilia jamás has usado ropas eróticas o sensuales, pero sueñas con hacerlo, y en tus sueños esto te provoca placer, es posible que tu subconsciente te esté instando a ser más atrevido en tu comportamiento sexual. Sin embargo, si te sientes vulnerable o angustiado al usar prendas de vestir poco comunes, esta imagen onírica revela falta de confianza en tu propia sexualidad. Te sientes infeliz de ser "visto" como un ser que pueda ser considerado abiertamente sexual al llevar tales vestidos.

Ropajes que se caen del cuerpo

Si esta imagen se acompaña por sentimientos de temor o angustia, significa que, de alguna manera, sientes que estás en una situación de peligro en tu vida sexual.

Falta de ropa: ver Desnudez, en la página 178 para leer sobre los temas relacionados.

Un atuendo poco común: ver el sueño de Serge en la página 95 y artículos fetichistas, en la página 194 para leer sobre los temas relacionados.

Cinturones

Los cinturones son imágenes que aparecen regularmente en los sueños eróticos (ver el sueño de Nancy, página 198). Esto se debe, indudablemente, a que interpretan un papel protector al sostener los pantalones en su lugar o al ceñir la tela de un vestido y asegurar que esté completamente cerrado. En nuestros sueños, simbolizan uno de los posibles obstáculos que debemos vencer antes de adquirir una intimidad sexual con alguien.

Cuando el cinturón se cae. Significa que sientes haber perdido la oportunidad de tomar decisiones dentro de tu relación sexual. Quizás has estado ocultándole tus verdaderos sentimientos a tu amante y te angustia ser descubierto. Si el cinturón cae, refleja el temor de que tu sexualidad sea denunciada o dada a conocer públicamente.

Estar atado con un cinturón. Literalmente, son tus propias inhibiciones las que te mantienen atado. Tu subconsciente ha creado esta imagen para hacerte pensar acerca de las distintas formas en que restringes tu propia naturaleza sexual.

Quitarse el cinturón Anhelas profundamente alcanzar la intimidad con las personas a quienes les quitas su cinturón durante el sueño. Tu subconsciente te permite quitarles el cinturón, conduciéndote por un camino abierto a posibilidades.

Temas abiertamente sexuales

La presencia de ciertas personas en tus sueños sexuales y la naturaleza exacta de la actividad sexual que llevas a cabo, pueden revelar mucho acerca de tu actual vida erótica y tus actitudes en torno a la sexualidad. Presta particular atención a tus sentimientos durante tales sueños.

Zonas erógenas

Es muy común soñar con personas completas, y es menos frecuente soñar con zonas erógenas específicas. Estas imágenes selectivas son altamente simbólicas.

Pechos femeninos

En la cultura occidental, los pechos simbolizan la feminidad. Es un símbolo que aparece comúnmente en los sueños de los hombres, ya que nuestra cultura da gran importancia al placer que se deriva de tocar los pechos de una mujer.

Verse abrumado por pechos. Los pechos que te sofocan o que te aco-
rralan en un sueño constituyen la antítesis de lo que esperamos. Simbolizan tu desconfianza respecto a las mujeres en general o respecto
a tu propia amante en particular.

Gozar de los pechos. Las imágenes sensuales que se centran en los
pechos simplemente reflejan el placer que recibes de ellos y simboliza un disfrute positivo de tu sexualidad.

Los genitales femeninos

Los genitales femeninos constituyen una imagen onírica sexual muy
común. Frecuentemente, éstos se presentan de manera velada debido
sobre todo al tabú que muchas personas sienten al mostrarse desnudos.

Sentir fascinación por genitales femeninos. Las flores tropicales, las
plantas, los jarrones decorativos y los receptáculos que parecen irresis-
tibles muchas veces se convierten en imágenes oníricas que simbolizan los genitales femeninos. Si te sientes atraído y sexualmente excitado
por éstos, explora de qué manera forman parte de tu paisaje onírico. El
sentirse amenazado por dichas imágenes, simboliza sentimientos velados que indican que tu amante es demasiado agresivo en la relación
que comparten.

Brindar sexo oral: ver Oralidad en la página 177.

El trasero y las piernas femeninas

Estas imágenes oníricas muchas veces están acompañadas de un sentido de poder. La musculatura de las piernas y de las nalgas representan

el "poder" de tu pareja, de manera que los sentimientos que acompañan dichas imágenes son importantes. Revelan si el "poder" es abusivo o si brinda placer.

Ser envuelto por las piernas de tu amante. Cuando esta imagen se acompaña por un sentimiento de angustia o de temor, indica que te sientes atrapado por tu relación. También puede significar que no se te permite expresar tus necesidades sexuales debido al poder de las piernas. Si la imagen se acompaña de placer sexual, revela qué cómodo te sientes en compañía de tu amante.

Genitales masculinos

Éstos se incluyen frecuentemente en muchos sueños y en ocasiones se ven distorsionados. Si una mujer sueña que los genitales masculinos son exageradamente grandes, puede indicar que se siente abrumada por las exigencias de su amante. Si un hombre sueña con genitales masculinos muy pequeños que comienzan a encogerse o que son flácidos, simboliza su creencia de que no está en condiciones para hacer el amor.

Gozar de genitales masculinos. Encontrar placenteras las imágenes de genitales masculinos o sentirse "excitada" por ellos, revela la satisfacción que sientes respecto a tu relación o a tus sentimientos sexuales en general.

Sentir asco por los genitales masculinos. En el caso de una mujer, significa actitudes sexuales negativas, generalmente en aquellas que consideran que "el sexo es sucio".

El trasero y las piernas masculinas

Así como sucede con sus contrapartes femeninas, éstos generalmente simbolizan potencia sexual. Si te rodean con fuerza en el sueño, puede indicar que tu amante está aprovechándose de ti.

Besar y acariciar el trasero y las piernas de un hombre. Centrar el interés sexual en esta forma simboliza el aspecto más dulce de tu naturaleza. También puede indicar que te gustaría probar el sexo oral pero que no tienes la suficiente confianza en tu sexualidad para hacerlo. Centras tu atención en dichas zonas eróticas en vez de enfocarlas en el pene.

El pecho masculino

Las imágenes de tono erótico que incluyen el pecho masculino revelan que estás contenta con la relación sexual. El pecho es fuerte y reconfortante y tal imagen onírica también puede simbolizar la profundidad de tus sentimientos dentro de la relación.

La masturbación

Es común encontrar escenas de masturbación dentro de los sueños. Convertirte a ti y a tu sexualidad en el centro focal de tu sueño simboliza la importancia de tus actitudes sexuales. Tu subconsciente está creando imágenes para hacerte consciente de esto.

Ser descubierto mientras te masturbas

Simboliza un sentimiento de culpa acerca de tu comportamiento sexual. Tus actitudes subconscientes te han delatado. Es tiempo que explores tus actitudes sexuales más profundas y te asegures de que no te impidan experimentar placer sexual.

Sentir angustia o placer: ver el sueño de Bill en la página 160.

Escenas de masturbación mutua

Masturbarse en presencia de otra persona revela deseo de comunicarle a tu amante tus necesidades sexuales. También puede simbolizar tu sentido de independencia dentro de la relación sexual.

Masturbarte públicamente

Si sueñas que te causa placer masturbarte mientras otros pasan por allí y te observan, es probable que necesites establecer tus requerimientos sexuales. Quizás estés deseando ser más honesto en tu comportamiento sexual.

La desnudez

Descubrir que estás desnudo: ver el sueño de Alan en la página 134.

Descubrir que estás desnudo en la calle

Sentirse sexualmente excitado en esta situación refleja tu necesidad de recibir atención sexual. Si esta imagen se acompaña de un sentimiento de incomodidad, simboliza qué vulnerable y expuesto te sientes respecto a tu propia sexualidad.

Descubrir que estás desnudo frente a tu amante

Si esta imagen te procura excitación sexual, entonces simboliza el placer que derivas al mantener un comportamiento natural con tu amante. Si esta imagen te llena de terror, indica la falta de confianza que prevalece entre ustedes. Quizás es necesario que trabajes este aspecto de tu relación o que encuentres formas de incrementar tu confianza sexual para caminar desnuda por tu casa.

Posiciones sexuales

Posiciones contorsionadas

Si sueñas que apareces contorsionado en una posición sexual y la imagen se acompaña de placer, simboliza que añoras emociones fuertes (literalmente hablando, ¡harías toda clase de piruetas con tal de tener un buen encuentro sexual!). Si el sentimiento es de incomodidad o de angustia, entonces puede significar que tu amante espera demasiado de ti: tu subconsciente está creando el mensaje de que debes contorsionarte para satisfacer a tu amante.

Un amante que aparece detrás de ti

Ésta es una clara indicación de que no puedes afrontar tus relaciones sexuales, tu subconsciente indica que no deseas una verdadera intimidad, así que no puedes "darle la cara" a tu amante durante el sueño. Por otro lado, es posible que temas establecer una intimidad con tu amante y esa imagen te protege de un encuentro cara a cara, más amenazador.

La posición del "misionero"

Esto refleja la necesidad interior de buscar consuelo en las relaciones sexuales. La posición del "misionero" simboliza una actitud tradicional hacia el sexo que, por su propia naturaleza, no opone ninguna amenaza. Si te sientes obligado a buscar consuelo, asegúrate de que no estés usando el sexo para obtener afecto, como es el caso de Linda (ver la página 85).

La mujer se coloca arriba del hombre

Si esto es soñado por una mujer, significa que goza de su relación sexual o también que le gustaría tener mayor control sobre ella. Si un hombre sueña con esta imagen y le provoca placer, entonces simboliza la confianza que él tiene en su propia sexualidad: está feliz de permitir que su amante asuma el control. Sin embargo, si este sueño le provoca angustia, significa que es incapaz de asumir su participación en la relación sexual.

Una posición poco común

Encontrarse asumiendo una posición sexual poco común o casi imposible pero excitante, simboliza tu deseo de buscar una nueva actividad sexual. Si te sientes incómodo en el sueño, indica que te sientes presionado sexualmente.

Lamer, chupar o mordisquear: ver el sueño de Jane en la página 59.

Oralidad

Brindar sexo oral

Si un sentimiento de asco o de angustia acompaña a esta imagen, revela que has mantenido o sigues manteniendo una actitud sumisa dentro de tu relación sexual. También puede indicar la noción de que el sexo oral es algo "sucio" o que te ha preocupado cómo practicarlo con un amante. Si la imagen es placentera, simboliza tu deseo de ir al extremo en satisfacer a tu amante.

No poder hablar o respirar mientras le ofreces sexo oral a tu amante

Esto es un fuerte indicio de que te sientes abrumada por las exigencias sexuales que tu amante te impone o que él te presiona para que participes en una actividad sexual que no te hace feliz. Asegúrate de establecer límites sexuales.

La presencia de otras personas en nuestros sueños sexuales

Personas conocidas

Las personas se sienten desconcertadas ante la frecuencia con que encuentran rostros familiares (el cartero, el tendero, el vecino) en sus sueños. En algunos casos, estos sueños representan la necesidad de cumplir anhelos. Por ejemplo, en cierto nivel, tal vez aceptes que el cartero es atractivo, aun cuando no pienses en ello de manera consciente durante las horas de vigilia. En otros casos, estos sueños representan un cúmulo desordenado de imágenes que provienen de la vida real: los pensamientos sobre sexo se vinculan, en tu sueño, a pensamientos que no tienen relación alguna con las personas que acabas de conocer o con las que has hecho negocios recientemente.

Relaciones

Muchas veces, las personas se sienten conmocionadas por sueños que contienen imágenes sexuales de sus padres, de sus hermanos o de otros miembros cercanos de la familia. De hecho, son comunes. Pero, por supuesto, la mayoría suele guardar silencio al respecto por miedo a ser considerados seres anormales. Sucede que, generalmente, el subconsciente ha vinculado poderosos sentimientos familiares a los sexuales: en la vigilia, es probable que ambos aspectos de tu vida estén completamente separados. Estas imágenes quizá simbolicen una curiosidad natural acerca de cómo es un miembro de tu familia en la cama.

Extraños o personas poco comunes

La aparición de personas extrañas en los sueños de carácter sexual generalmente constituye un mecanismo protector. Es posible que anheles actividad sexual en el sueño, pero ocultes quién es la persona con la que desearías tenerla; mejor aún, tener relaciones sexuales con un extraño. Además, muchas imágenes oníricas de orden erótico contienen personas que no hablan o cuya presencia es bastante etérea, lo cual agrega un sentimiento adicional de excitación sexual. Estas imágenes existen como parte de una experiencia sexual abrumadora. En tal caso, es importante examinar la emoción que te embargó durante el sueño —excitación sexual, frustración o ansiedad.

Ser tocado íntimamente por otras personas

Si esta imagen es acompañada por un estado de angustia, entonces simboliza sentimientos de vulnerabilidad dentro de tu relación sexual. De otra manera, refleja el deseo de participar en juegos sexuales más temerarios con tu amante.

Amigos

De acuerdo con tu necesidad de gozar de una intimidad, los amigos desempeñan un papel más o menos importante en tu vida. Si tienes una relación cercana con tus amigos, o si dependes emocionalmente de ellos, seguramente se verán incluidos en sueños de gran intensidad emocional. Tu subconsciente quizá mezcle los mensajes y vincule dos distintas necesidades: la amistad y el sexo.

Participar en una orgía con los amigos. Simboliza tu vínculo íntimo. La naturaleza sexual de esta imagen sugiere que tu subconsciente ha ligado tus intensos sentimientos de amistad con el deseo de tener un contacto sexual, aun cuando en la vida real a ti no te interese mantener relaciones sexuales con tus amistades.

Ser presionado por un amigo a mantener relaciones sexuales. Esta imagen refleja las señales sexuales que tu subconsciente ha captado de parte de tu amigo. Lo más probable es que tu amigo tenga interés en establecer contacto sexual contigo. (Ver el sueño de Melanie en la página 186, para leer los temas relacionados.)

Figuras de autoridad

Figuras de autoridad del pasado (maestros, doctores, etcétera.): ver el sueño de Lisa en la página 203.

Una figura de autoridad que asume el mando. No puedes enfrentar tus propios deseos sexuales, así que permites que una figura de autoridad te guíe en una experiencia sexual. Éste es tu subconsciente, que te permite adquirir una distancia protectora de tus verdaderos sentimientos.

Una figura de autoridad que te mantiene prisionero. Has permitido que tu amante controle totalmente la relación sexual. Has colocado a tu pareja en el papel dominante y dejaste de lado tu propia responsabilidad acerca de tu placer sexual.

Someterse a una figura de autoridad. Si de esta manera logras tener relaciones sexuales placenteras, entonces simboliza que has cedido ante el aspecto más sumiso de tu carácter, lo cual puede ser tan sólo un aspecto de tu naturaleza sexual.

Tú como figura de autoridad. Es posible que se te dificulte aceptar tu propia naturaleza sexual. Tu subconsciente crea esta imagen para darte "permiso" de asumir el control. Quizá ya sea tiempo de explorar tu nivel de confianza sexual.

Papeles sexuales

Dominio sexual

Asumir el papel dominante en imágenes abiertamente sexuales. Esto simboliza tu necesidad o tu deseo de dominar a tu amante. Quizá ya sea así y esta imagen simplemente refleje el placer que sientes al dominar sexualmente.

Asumir un papel dominante en imágenes sexuales veladas. Quizá descubras que eres un ser dominante, pero en el contexto del hogar y en los asuntos de trabajo, tu dominio, en primera instancia, no parecería ser de orden sexual. Sin embargo, si despiertas sintiéndote excitado sexualmente, entonces tu subconsciente te está protegiendo, hasta cierto punto, de tus propios impulsos naturales.

Observar una escena de dominio sexual. Es posible que en el fondo anheles tomar parte en dicha escena, pero tu subconsciente te hace aparecer como "observador", de manera que el sueño no resulte demasiado amenazador.

Sumisión sexual

Servir a otros en una escena sexual. Simboliza tu aspecto sumiso. Puedes aparecer sirviendo a otras personas que hacen el amor frente a ti o frente a tu propio amante. Asegúrate de que, en la vida real, tu amante no se esté aprovechando de ti.

Ser usado sexualmente. Ésta es una fuerte indicación de que estás inseguro en lo que respecta al sexo y quizá te encuentres en una situación vulnerable en cuanto al mal trato que te propina tu amante. En particular, si sientes cierta angustia durante el sueño o si sientes que alguien te domina o humilla, tu subconsciente está recreando estos sentimientos de baja autoestima.

Aceptar un trato sexual rudo. Puede reflejar un aspecto de tu personalidad que desea ser castigado. Quizá te sientes culpable acerca de algún comportamiento sexual o que no eres digno de ser tratado con respeto. Si derivas placer de dicha situación, pero tienes confianza en tu sexualidad, es posible que simplemente te guste interpretar dicho papel, empleando para ello temas de dominio y sumisión.

Encuentros sexuales

Tu primer encuentro sexual o uno de tus primeros encuentros sexuales

El primer amante. ver el sueño de Lisa página 203.

Visitar de nuevo el hogar de tu infancia: ver el sueño de Lisa en la página 203.

Observarte a ti mismo cuando eras joven. Si esta imagen es acompañada de una sensación placentera, significa que añoras la manera en que hacías el amor cuando eras joven. Si se acompaña de un estado de ansiedad, revela que no has madurado sexualmente y que no te has aceptado a ti mismo.

Tríos sexuales

Desear o solicitar que se te permita participar en un encuentro sexual entre tres. Puede simbolizar que deseas explorar tu sexualidad, especialmente si una de las otras dos personas es alguien de tu mismo sexo. También puede significar que deseas llevar a cabo una fantasía sexual que guarde relación con este tema o que deseas cumplir el deseo de probar alguna actividad que te lleve a los límites de tu sexualidad.

Ser presionado para participar en un trío. Esta imagen onírica indica que en la vida real sientes que tu amante te presiona sexualmente. No necesariamente implica que tu amante te esté forzando a participar en una relación de tres, sino que te presiona a incurrir en actividades que no son de tu agrado.

Orgías

Participar en orgías: ver el sueño de Tony en la página 88.

Observar una orgía: Simboliza tus sentimientos de incapacidad sexual. Te sientes excluido de lo que otras personas hacen en el ámbito sexual. Puede ser que tus creencias o tu comportamiento te impidan satisfacer tu verdadera sexualidad.

Tú como instigador de una orgía. Has alcanzado el punto culminante de confianza en tu propia sexualidad. Quieres guiar el camino en cuanto a las actividades sexuales se refiere y la escena de una orgía simboliza tu sentimiento de que eres capaz de manejar cualquier cosa.

Voyeurismo sexual

Ser observado durante una actividad sexual: ver el sueño de Tony en la página 88.

Descubrir a un mirón. Descubrir a una persona que observa a otras personas mientras hacen el amor constituye un sueño que marca el deseo de cumplir dicho anhelo. Tu subconsciente encubre tu deseo de mirar a otros mientras hacen el amor al proyectar tus sentimientos en otra persona.

Observar en secreto: ver el sueño de Tony en la página 88.

Exhibicionismo

Desnudarse en un ambiente desconocido o desnudarse ante extraños. Tienes deseos sexuales que no satisfaces y que permanecen ocultos. Ésta es la razón por la que no aparecen figuras familiares en tu sueño.

Presumir tu sexualidad. Si tu imagen onírica te muestra como un ser que "presume su sexualidad", entonces demuestra que tienes mucha confianza en tu sexualidad. Usa este conocimiento para asegurarte de que tu amante sienta lo mismo al cultivar este deseo en la cama.

Mostrar tus genitales a una multitud o a un desconocido. Te encuentras en una etapa de tu desarrollo sexual en la que quisieras descartar las inhibiciones del pasado. Deseas experimentar y tu subconsciente te permite esta libertad.

Mostrar tus genitales a tu amante. Esta imagen simboliza tu disposición de explorar más profundamente tu relación sexual. Confías en tu amante y ya es tiempo que compartas tus anhelos más profundos. Permitir que explore esta faceta de tu persona también puede simbolizar un deseo de tu parte de desinhibir a tu amante.

Sostener relaciones sexuales en un ambiente poco común

Temas deportivos

Las imágenes deportivas que aparecen en los sueños sexuales son sorprendentemente comunes. Esto sin duda se debe al paralelismo obvio entre la fatiga física y el sudor que se despliegan en ambas actividades. Muchas personas experimentan emociones fuertes cuando desarrollan alguna actividad deportiva, cuya fuerza es similar a sentirse excitado sexualmente. El subconsciente vincula estas similitudes por medio de imágenes oníricas.

Sostener relaciones sexuales en un estadio lleno. Si esta imagen te resulta excitante, entonces simboliza que gozas plenamente de tu relación sexual del momento y quieres que todo mundo lo sepa. Si dicha imagen te asusta, es posible que esté revelando tu estado de ansiedad respecto a lo que otras personas puedan pensar de ti en términos sexuales. Quizá te preocupa tu reputación.

Sostener relaciones sexuales en un gimnasio o mientras empleas equipo deportivo. Si esta imagen se ve acompañada de placer sexual, revela que sientes confianza en tu ser sexual. El gimnasio representa logros y el cuidado que te prodigas, así como la confianza que tienes en tu sexualidad. Si se acompaña de un estado de ansiedad, puede indicar que te avergüenzas de tu apariencia física. En este caso, tu mente ha vinculado el hecho de mostrar tu cuerpo en un gimnasio con sentimientos sexuales que te provocan incomodidad. Ver el sueño de Simón en la página 192.

Escenas sexuales en distintos tipos de transporte

Escenas sexuales a bordo de un tren. Sostener un encuentro sexual a bordo de un tren acompañado de un estado de ansiedad, simboliza que sientes que has perdido el control. Si la imagen es acompañada de una sensación placentera y de excitación sexual, entonces revela que anhelas tomar ciertos riesgos en cuanto a tu vida sexual. Si el tren se convierte en el punto focal de tu sueño, simboliza tus sentimientos respecto al falo masculino.

Escenas sexuales a bordo de un automóvil. Sentirse apretado o constreñido mientras se hace el amor en un automóvil refleja que sientes que tu vida sexual no es satisfactoria. Si la imagen se acompaña de excitación sexual o placer, refleja un aspecto de tu naturaleza sexual que anhela hacer las cosas de una manera distinta.

Escenas sexuales a bordo de un barco. Cuando el agua se ve vinculada a la actividad sexual muestra tu naturaleza profundamente sensual. Ser cubierto por olas mientras estás a bordo de un barco es simbólico del placer orgásmico, ya estás listo sexualmente.

Escenas sexuales a bordo de un aeroplano. Sostener relaciones sexuales en el aire, generalmente indica que estás experimentando placer en tu relación sexual o que anhelas tales placeres. El aeroplano simboliza el falo masculino.

Relaciones sexuales en el trabajo

Llegar desnudo al trabajo: ver el sueño de Elizabeth en la página 173.

Cuando dominas a tu jefe: ver el sueño de Elizabeth en la página 173.

Ser dominada por tu jefe. Esto simplemente puede reflejar la sensación que tienes de que tu jefe controla una parte importante de tu vida real. Unir este sentimiento a las imágenes sexuales significa lo seriamente que te tomas tu trabajo: ambos sentimientos tocan tu centro. Por supuesto, tal vez te excite el poder y en el fondo desees que tu jefe te haga el amor.

Sostener relaciones sexuales a la vista de tus colegas laborales: ver el sueño de Elizabeth en la página 173.

Sostener relaciones sexuales a escondidas con un colega del trabajo: ver el sueño de Elizabeth en la página 173.

Sostener relaciones sexuales en una oficina vacía. Es posible que simplemente estés vinculando tus sentimientos acerca del trabajo con tus sentimientos respecto al sexo. Los momentos "robados" de sexo placentero dentro de una oficina vacía, pueden significar que te gustaría que se cumpliera este deseo —un escenario semejante te procuraría una enorme excitación sexual.

Artículos fetichistas

Las imágenes fetichistas son sorprendentemente comunes en los sueños. Pueden cumplir una necesidad que el soñador no está satisfaciendo cuando está despierto o reflejar un comportamiento fetichista en el que se haya participado en la vida real. En ocasiones, estas imágenes adquieren proporciones de pesadilla. Asumen un poder opresivo sobre el individuo o lo sepultan bajo su peso. Tales imágenes son claramente un sentimiento de culpa acerca del fetiche.

Encontrar aparatos fetichistas

Tienes deseos subconscientes de usar o de ver a tu amante portar aparatos u objetos fetichistas. Tu subconsciente ofrece esta imagen para que la explores.

Examinar aparatos o artículos fetichistas

Esta imagen simboliza tu curiosidad natural respecto a la sexualidad. Quizá no haya aflorado en ti dicha curiosidad o es posible que refleje experimentaciones recientes sobre el tema.

Usar aparatos o artículos fetichistas

Si dicha imagen se acompaña de placer sexual, entonces tu subconsciente te está permitiendo que afloren tus deseos. Si tu sueño te altera, entonces simboliza tus actitudes negativas respecto a la sexualidad, implica que, en el fondo, consideras que el sexo es negativo.

Zapatos

Los zapatos constituyen uno de los artículos fetichistas más comunes en los sueños. Que alguien camine sobre ti y sentir excitación sexual por ello, refleja que desearías que se cumpliera en la vida real; o también puede significar que en tu relación amorosa te gusta que te "pisoteen". Si estas imágenes están acompañadas de un estado de ansiedad, entonces es posible que indiquen que sientes cierta culpa por desear que se cumplan tus fantasías fetichistas. También puede significar que tienes conciencia de que tu pareja te trata mal.

Cómo interpretar los sueños eróticos se terminó de
imprimir en octubre de 2002, en Litográfica Ingramex,
S.A. de C.V. Centeno No. 162, col. Granjas Esmeral-
da, C.P. 09810, México, D.F.